Was das *Leben*
mit der *Liebe* macht

Das Buch

Erwin Koch porträtiert in seinen literarischen Reportagen das Schicksal von Paaren aus der ganzen Welt. Wie im Zeitraffer folgen wir ihnen vom ersten Treffen bis zur Familiengründung, von der Familiengründung bis zum Tod. Es sind Menschen, die um ihr Glück kämpfen und deren Schicksal kein leichtes ist.

Sehr klug und mit einer bemerkenswerten Beobachtungsgabe zeichnet Erwin Koch diese Geschichten nach und stellt nebenbei die ganz großen Fragen. Was macht das Leben mit der Liebe, wenn es seine Pirouetten dreht und Haken schlägt?

Der Autor

Erwin Koch, 1956 geboren, ist Journalist und Schriftsteller. Seine Reportagen erschienen u. a. in *Die Zeit*, *Brigitte*, *Neue Zürcher Zeitung* und der *Frankfurter Allgemeinen Zeitung*. Erwin Koch wurde mehrmals ausgezeichnet, für sein Romandebüt *Sara tanzt* gewann er den Mara-Cassens-Preis.

ERWIN KOCH

Was das *Leben* mit der *Liebe* macht

Wahre Geschichten

List Taschenbuch

Besuchen Sie uns im Internet:
www.list-taschenbuch.de

Lizenzausgabe im List Taschenbuch
List ist ein Verlag der Ullstein Buchverlage GmbH, Berlin.
1. Auflage Juni 2013
© Corso Verlag, 2011
Umschlaggestaltung: bürosüd° GmbH, München
Titelabbildung: © Andri Pol
Satz: LVD GmbH, Berlin
Gesetzt aus der Fairfield
Papier: Pamo super von Arctic Paper Mochenwangen GmbH
Druck und Bindearbeiten: CPI – Clausen & Bosse, Leck
Printed in Germany
ISBN 978-3-548-61121-1

»Aber sonst: ganz nett«

ALOIS UND ANNELY

Anna B. sitzt im Gotthardloch, vor sich eine Tasse Kaffee, der längst kalt ist. Annely wartet auf eine Kollegin, der Kaffee ist zwar kalt, aber wenn die Kollegin dann kommt, hat Annely noch etwas zu trinken, denn Geld für einen zweiten Kaffee hat sie nicht. 19. November 1950, es ist Nachmittag, vielleicht drei Uhr.

Und die Serviertochter bringt einen zweiten Kaffee.

Annely erschrickt.

Von dem Herrn dort drüben, sagt die Serviertochter.

Annely dreht sich zum Tisch an der Wand, sie sieht zwei Männer und denkt, hoffentlich nicht vom kleinen.

Sie lächelt und nickt.

Wenn Sie sich zu uns setzen, Fräulein, sind Sie weniger allein, sagt der Große.

Annely setzt sich an den Tisch der Fremden, er heiße Alois, sagt der Große, und Annely möchte lachen, schon wieder so ein Alois.

Sie sei Köchin in der Villa Toscana, Obergrundstraße 101, sagt Annely, aber eigentlich sei sie von Hägglingen im Aargau, seit zwei Wochen erst in der Stadt.

Hägglingen?, fragt der Kleine.

Und ich bin Laufbursche für alles bei der Weber AG in Emmenbrücke, Elektrotechnik, sagt Alois.

Die grünen Augen, die der hat. So viele Haare. Aber sonst: ganz nett.

Alois bringt Annely durch den Nebel zur Villa Toscana, wir könnten ja vielleicht, sagt er, vielleicht könnten wir irgendwann ins Kino gehen.

Könnten wir, sagt Annely.

Wie alt bist du eigentlich?

Zwanzig.

Genau wie ich.

Er wohne draußen in Littau, sagt Alois E., bei den Eltern.

Meine erste Schulreise habe ich in der sechsten Klasse gemacht, nach Luzern und dann aufs Rütli, redet Annely, alle Schulreisen zuvor kosteten zwei Franken, zu teuer für uns. Und am Abend nach meiner ersten Reise sagte ich zur Mutter: Noch nie habe ich etwas Schöneres gesehen als diese Stadt Luzern. Dort will ich einst leben.

Deswegen bist du hier?, fragt Alois.

Annely steigt hinauf in ihre Kammer unter dem Dach und muss lachen, schon wieder so ein Alois, zwei Aloise hat Annely schon geküsst, flüchtig zwar und aus Neugier, den Nachbarsknecht in Hägglingen, einen Arbeiter bei der Bahn.

Tage später verlassen Annely B. und Alois E. das Kino, sie gehen durch die Stadt, sie reden, sie schweigen, berühren sich nicht, Alois, plötzlich und schnell, drückt seine Lippen auf ihre und rennt davon.

Annelys Herrschaft schickt ihre Köchin, weil sie nur kocht, was man in Hägglingen kocht, zur Lehre ins Hotel Montana, Annely lernt, wie man Spargel schält und Kaviar auftischt, Rehrücken, Lachs.

Nachts sitzt Annely unter dem Dach, eine Nadel in der Hand, einen Faden, und stickt die Initialen ihres Namens,

A und B, in weiße Bettwäsche, die Aussteuer für ein Leben zu zweit.

Eigentlich ist dieser Alois mehr als nett.

Sogar sympathisch.

Mehr als das.

Annely wagt es nicht, Alois in ihr Zimmer einzuladen, Alois wagt es nicht, Annely mit nach Hause zu nehmen. Wieder gehen sie ins Kino und streunen durch kalte Straßen, Annely zieht sein Gesicht vor ihres und drängt Alois die Zunge in den Mund, Alois, hat Annely das Gefühl, weiß nicht, wie ihm geschieht.

Ich liebe dich.

Ich dich auch.

An Weihnachten 1950 reist Annely nach Hägglingen, zuerst im Zug, dann im Bus, dann zu Fuß, eine Tagesreise, der Vater ist Schlosser bei Brown Boveri in Baden und fährt jeden Morgen auf dem Rad zur Arbeit, eine gute Stunde weit, jeden Abend zurück, anderthalb Stunden. Als Annely gesteht, sie habe einen Bekannten, einen Freund, einen Schatz, fragt er: Was kann der?

Metzger wäre er gern geworden, doch das Geld dazu habe nicht gereicht, nun arbeite Alois in der Spedition der Weber AG, sagt Annely, und der Vater nickt.

Alois, 17. Januar 1951, schreibt Annely, er liege krank im Bett und könne sie heute nicht, wie abgemacht, treffen. Ich muss nur aufpassen, dass es der Mutter nicht gelingt, den Doktor zu holen. Sie meint, ich hätte eine Lungenentzündung. Es grüßt u. küsst Dich innigst Dein Dich ewig liebender Alois.

Annely und Alois reisen nach Hägglingen, sie stellt ihn den Eltern und Geschwistern vor, der Vater schweigt und nickt. Tage später, im Bodenhof in Littau, zeigt Alois Annely seinen Eltern und seinen fünf Geschwistern, Vinzenz, Margrit, Josef, Lini, Cilly, der Vater, Arbeiter in der Kunstgarnfabrik von Emmenbrücke, sagt: Eine gute Köchin im Haus vertreibt Hunger und Zank, was willst mehr?

Wie manchmal schrieb ich dir doch schon einen Brief und zerriss ihn wieder, weil er mich zu wenig lieb dünkte für Dich. Bei Dir fand ich mein eigenes Ich. Jetzt wächst meine Liebe zu Dir noch schneller. Wenn sie mir nur nicht die Brust zersprengt. Herzlich küsst Dich Dein Dich liebender Alois. P.S. Ich musste mich fest zusammennehmen, dass ich diesen Brief nicht auch wieder zerriss. Es küsst Dich nochmals innigst Dein Alois.

Annely antwortet am gleichen Tag, 8. Februar 1951: O Alois, wenn ich jetzt bei Dir sein dürfte. Das ganze Zimmer ist erfüllt von Dir. Du bist hier, auch wenn du fort bist.

Annely nummeriert Alois' Briefe.

Seinen Arm um ihre Hüfte, erwandern sie die Stadt, füttern Enten und Schwäne an Fluss und See, Annely lehrt Alois das Tanzen, Frühling 1951.

Und Alois schreibt: Liebstes Fraueli! Wie geht es Deinem zarten Brüstchen? Ja, jetzt sollte man wieder beieinander sein können … die Erde versinkt. Aber eben, Du musst noch allein sein u. ich auch. Warum?

Beim Juwelier Kurz kaufen sie Ringe, Annely bezahlt seinen, Alois ihren.

Ein Schüfeli, Schweineschulter, dampft endlich auf dem Tisch, Sauerkraut und Salzkartoffeln, es ist Weihnachten 1951, Hägglingen liegt unter Schnee, Annelys Eltern sitzen am Tisch und fünf Geschwister, Clärly, Hans, Willy, Anita, Brigitte, und plötzlich ist es still im niedrigen Raum, Alois steckt Annely den Ring an und Annely steckt Alois den Ring an, jemand klatscht, man holt in der Küche den Kuchen und trinkt dünnen Kaffee.

Annelys Schwester kichert: Jetzt gebt euch endlich einen Schmatz.

So geht das nicht!, schreit der Vater am nächsten Morgen.

Was ist passiert?, fragt Annelys Mutter.

Der Alois hat beim Annely drin geschlafen.

Beruhig dich doch, sagt die Mutter.

Die sind noch nicht verheiratet, lärmt der Vater.

Der Alois ist nicht so einer, sagt die Mutter.

Der kam jetzt eben aus Annelys Zimmer.

Er hat sie doch nur geweckt.

Nur geweckt!, schreit der Vater.

Der Alois, sagt die Mutter, schlief hier nebenan, mausallein, und half mir heute Morgen in der Küche, bis ich ihn bat, Annely zu wecken.

Es wird Sommer, Annely und Alois, beide zweiundzwanzig, reisen auf Fahrrädern an den Walensee, drei Tage Urlaub Anfang Juni 1952, schnaufend queren sie den Kerenzerberg, es regnet, es ist heiß, am Abend erreichen sie Mels, das Gasthaus Schäfli, Charlottengasse 1, und Alois schreibt ihre Namen ins Gästebuch, Herr und Frau Alois und Anna E.-B. aus Littau LU.

Irgendwann liegen sie auf dem breiten, breiten Bett und möchten nicht enttäuschen, Annely ihren Alois nicht, Alois nicht seine Annely.

Es kann, flüstert Annely, kein Zufall sein, dass ich damals im Gotthardloch saß, am 19. November 1950 um drei Uhr nachmittags, und auf die Kollegin wartete.

Und Alois sagt: Wäre die gekommen, wären wir jetzt nicht hier.

Kein Zufall, weint Annely in Alois' Armen.

Mein innig geliebter Alois! Nun geht es Gott sei Dank nur noch zwei Tage und dann bist du wieder hier, schreibt

Annely am 7. Oktober 1952 per Feldpost, Alois ist Füsilier im Wiederholungskurs, Kompanie 1/41.

Wann heiraten wir?

Am Lindenfeldring 6 finden sie eine Wohnung, dreieinhalb Zimmer. Annely kündigt den Sparvertrag, den sie vor Jahren mit Möbel Pfister schloss, und kauft zwei Betten, einen Schrank, einen Tisch, Stühle.

Annely und Alois, beide katholisch, bestehen beim Pfarrer von Reussbühl den Ehevorbereitungskurs, Annely hat das Gefühl, der Pfarrer, während er redet, betrachte ständig ihren Bauch, er spricht vom allerheiligsten Sakrament der Ehe, von Gott, der allein berechtigt sei, den Ehebund zu lösen, er sagt: Jaja, meine Lieben, bis die Wiege eines Kindes gezimmert ist, dauert es neun Monate, und dauert es weniger, stimmt in der Ehe von Anfang an wenig.

Am Samstagmorgen, 28. März 1953, steht Annelys Vater am Bahnhof von Emmenbrücke, in der einen Hand eine Torte, in der anderen ein totes Kaninchen. Annely und Alois begleiten den Vater zu Alois' Eltern nach Littau, dann bestellen sie ein Taxi, zum ersten Mal in ihrem Leben sitzt Annely in einem Taxi, die Fahrt zum Standesamt, die Väter als Zeugen. Im Taxi reisen sie zurück, man isst Kartoffelstock und Kaninchen, feiert mit Torte und dünnem Kaffee. Am Nachmittag setzen sich Annely und Alois vor den Apparat eines Fotografen, Baselstraße, Luzern, beide in Schwarz, an Annelys Brust stecken ihre liebsten Blumen, Maiglöckchen, auf ihrem Kopf hat sie ein kleines weißes Hütchen, darauf ein Täubchen, noch nie hat Annely einen Hut getragen. Und Alois posiert mit Krawatte, auf der Stirn eine hohe Tolle.

Noch seid ihr vor Gott kein Paar, knurrt der Vater.

Und also reisen Annely, Ehefrau des Alois E., und ihr

strenger Vater nach Hägglingen, zuerst im Zug, dann im Bus, dann zu Fuß.

Diese Woche wird ewig lang, denkt Annely und könnte weinen.

Sie rennt zum Nachbar, der ein Telefon hat, will Alois' Stimme hören.

Ach Annely.

Am Ostermontag endlich, 6. April 1953, wartet Annely vor der Klosterkirche Wesemlin hoch über Luzern, ein Kapuziner steht dort und sechs andere Paare – und Alois, begleitet von seiner Mutter und seiner jüngsten Schwester. Jetzt ruft der Kapuziner zur Hochzeit und spricht von Glück, von Liebe, Verantwortung, willst du, Alois E.?, willst du, Anna B.?, was Gott zusammengefügt hat, das soll der Mensch nicht scheiden.

Dann wandern sie hinunter in die Stadt, Annely und Alois, ganz in Schwarz, nehmen das Schiff nach Vitznau, essen im Hotel Kreuz, Suppe, Schnitzel, Schwarzwurzel, Annely und Alois, Wolken über dem Vierwaldstättersee.

Nass bis auf die Haut, erreichen sie am Abend ihre Wohnung am Lindenfeldring 6, Emmenbrücke.

Mann und Frau, lacht Alois.

Ich möchte, dass du mir etwas versprichst.

Was?

Dass wir, solange wir leben, nie einschlafen ohne Kuss.

Sie fahren ins Tessin, Dienstag bis Freitag, die Hochzeitsreise nach Lugano, im ersten Hotel, das sie sehen, nur Minuten neben dem Bahnhof, nehmen Annely und Alois ein Zimmer, Hotel Lucerna, es regnet und regnet. Am letzten Tag, mit ihrem letzten Geld, kaufen sie am Straßenrand ein Bild, darauf eine Gasse von Gandria, Öl, 128 Franken.

Das kommt ins Schlafzimmer, sagt Annely.

Sie leistet Heimarbeit, steckt für die Weber AG elektrische Sicherungen zusammen, wartet auf Alois, wartet und kocht für ihn.

Annely ist schwanger.

Wie ich mich auf das Kind freue, sagt Alois.

Ob es reicht?, fragt Annely.

Ob was reicht?

Das Geld.

Ach Annely, sagt Alois.

Alois reist nach Hägglingen und bittet Annelys Vater, Götti des Kindes zu werden, Taufpate.

Wann soll das kommen?, fragt der Vater.

Im Januar.

Geheiratet habt ihr im April, knurrt der Vater und zählt an den Fingern neun Monate ab, Januar, Dezember, November, Oktober, September, dann sagt er: Wenn's im Januar kommt, dann mach ich den Götti.

Manchmal, allein am Lindenfeldring, betet Annely, der Herrgott möchte es lenken, dass ihr Kind, wie der Arzt meint, tatsächlich erst im neuen Jahr zur Welt komme, 1954, diese Schande, im Jahr der Hochzeit auch ein Kind zu gebären. Annely betet, Gott möchte es richten, dass ihr Kind nicht grüne Augen habe. Wenn Annely an Alois etwas nicht mag, dann seine grünen Augen.

Bevor er am frühen Morgen zur Arbeit geht, kauft Alois frisches Brot und legt es in Annelys Teller.

Annely schickt Alois, als er im Militär ist, ein Paket, darin ein langer Brief und Chräbeli, Gebäck aus Anis, so trocken und hart, dass es in der Füsilierhose nicht zerfällt.

Annely näht Windeln, verkauft ihre Handorgel, die sie einst spielte, und kauft mit dem Geld, 160 Franken, einen Kinderwagen.

Das Kind hat blaue Augen, ein Mädchen, 3. Januar 1954,

Klinik St. Anna, und Alois, in der Weber AG auch für die Heizung zuständig, verschläft im Rausch.

Alois schaut Annely beim Stillen zu.

Neidisch?, fragt Annely.

Im Sommer reist sie zu den Eltern, die Tochter in einem Korb, Annely fragt ihre Mutter, wie man es anstelle, nicht mehr schwanger zu werden.

Liebe Annely, flüstert die Mutter, das weiß ich nicht, jedes Mal hatte ich diese Angst, wenn dein Vater zu mir kam.

Ein Jahr später, Juli 1955, steigen Annely und Alois, ihr Kind in Hägglingen, in den berühmten Adriaexpress, Abfahrt in Luzern um 22.10 Uhr, Annely schläft wenig, das Meer, das Meer, noch ist sie nie am Meer gewesen, Annely schweigt, als endlich das Meer vor ihr liegt, Cattolica, dann weint sie und lacht und schluchzt, das Meer.

Du musst zum Arzt, sagt Annely.

Alois schmerzt der Bauch.

Das geht vorbei, sagt Alois.

Alois erbricht Blut.

Annely zündet Kerzen an, als sie Alois operieren, Kantonsspital Luzern, und die Hälfte seines Magens wegschneiden, Sommer 1956.

Alois!

Kaum entlassen, steht er wieder auf der Rampe der Weber AG, er soll nichts heben und hilft den Chauffeuren beim Laden, die Narbe reißt auf, Alois wieder im Spital, Annely, die selten zur Kirche geht, betet.

Versprich mir, Alois, dass du das nie mehr machst.

Alois, wieder auf der Rampe, kann nicht zusehen, wenn jemand Hilfe braucht, die Narbe reißt auf.

So geht das nicht weiter, schreit Annely.

Am 24. Juni 1957 gebärt Annely einen Sohn, grüne Augen, es stört sie nicht.

Ob es reicht?, fragt Annely.

Ob was reicht?

Alois spendet Blut, dreimal, viermal im Jahr, A Rh$^+$, und bekommt für jede Spende zwanzig Franken. Die Fabrik überlässt ihm eine Wiese, Alois baut darauf eine Hütte, er gräbt einen Weiher, er züchtet Kaninchen, Meerschweinchen, er hält Enten, Tauben, schlachtet am Samstag zehn Kaninchen und verkauft ihr Fleisch. Und ist Alois, weil die Narbe zum dritten Mal reißt, im Spital, zieht Annely den Tieren das Fell ab, weidet sie aus und erlässt, ganz anders als Alois, keinem Käufer nur einen Fünfer.

Alois, schimpft Annely, der und der schuldet dir Geld, wann treibst du es ein?

Ach Annely, sagt Alois.

Wir brauchen Geld, sagt Annely.

Ach Annely, sagt Alois und nimmt sie in den Arm, du bist doch sonst so eine Liebe.

Alois, bei der Weber AG seit er fünfzehn ist, wird Chef der Spedition und bekommt mehr Lohn. Er kauft zwei Mandarinenten, zwei Fasane, zwei Schafe, Alois kennt alle Vögel, ihre Stimmen, ihr Gefieder, Alois steht oft im Wald am Adligenweiher, schaut ins Wasser und schweigt vor Glück.

Sie bringen ihre Kinder nach Hägglingen und fahren auf Rädern in den Schwarzwald, ins Tessin, nach Genua, Annely und Alois, schnaufend queren sie den Gotthardpass, schlafen in verlassenen Ställen und wandern über den Markt von Stresa, Annely fotografiert Alois, Alois seine Annely. Die Tochter beginnt eine kaufmännische Lehre, der Sohn eine feinmechanische, Annely freut sich, dass die Kinder bald ausziehen, Rüeggisingerstraße 83, erster Stock links, vier Zimmer: mit Alois allein ist alles schöner.

Zum Geburtstag, vielleicht seinem vierzigsten, 1970, schenkt Annely ihrem Alois eine kleine, schmale Agenda, auf die letzte Seite schreibt sie: Weißt du noch, wie unsere Liebe begann? Bei mir war es sicher nicht Liebe auf den ersten Blick wie in diesen Romanen. Dafür wurde aus dem kleinen Flämmchen Liebe eine große, immer brennende Flamme. Mein größter Wunsch ist, dass unsere Liebe immer so bleibt, bis der Tod uns zwei trennt, Deine Annely.

Eines Nachts beißt ein Marder dreiunddreißig Meerschweinchen tot. Alois, Tränen in den Augen, lauert ihm auf, drei Tage lang, und erschießt dann das Tier, lässt es ausstopfen und stellt es auf die neue Wohnwand in der Stube, wo die Bücher sind, die Annely so gern liest, Hunde, wollt ihr ewig leben?, Wenn wir alle Engel wären, Die feuerrote Baronessa, Tagebuch eines Frauenarztes.

Wie schön, dass man nicht mehr jeden Rappen umdrehen muss, sagt Annely.

Sie kaufen einen Fernseher, Alois, fast fünfzig, lernt das Autofahren, sie reisen hinaus ins Deutsche, Waldshut, und füllen, eine Liste in Annelys Hand, den roten Fiat 131 mit Butter, Mehl, Öl, Fleisch.

Dann, am 15. März 1975, einem kühlen Samstag, steigen Annely und Alois ins Flugzeug, VS 419 nach Gran Canaria, eine Woche Playa del Inglés, Vollpension, und der Sand ist heiß und weiß, dieser Sand, diese Dünen, stundenlang liegt Annely im Meer, Alois unter Palmen, Hand in Hand wandern sie die Küste ab, Annely und Alois, Annely sammelt Muscheln, Annely fotografiert Alois, Alois seine Annely, sie füllt Alben mit Tickets und Fotos, Baggage Identification Tag 278040, Baggage Identification Tag 377309, Daheim schneit es und hier blühen alle Blumen, Reichhaltiges Büffet im Garten, Herrlicher Strand, Alois liebt Tomatensalat.

Das war, sagt Annely, als sie wieder im Flugzeug sitzen, vielleicht die schönste Woche meines Lebens.

Darmdurchbruch, Alois im Kantonsspital, Herzstillstand, Wiederbelebung. Sieben Wochen lang pflegt Annely Alois zu Hause, Rüeggisingerstraße 83, Annely bestellt aus dem Katalog von Charles Veillon einen Trainingsanzug der Marke Adidas, dunkelblau und teuer.

Ich glaube, sagt sie eines Abends, ich möchte ohne dich nicht leben, auch wenn ich es könnte.

Noch musst du es, lacht Alois.

Sie fliegen wieder, Playa del Inglés, dann Maspalomas, Jahr für Jahr.

Sechs Mal werden sie Großmutter, Großvater, Alois geht in Rente, 7. Oktober 1993, dreiundsechzigjährig. Manchmal fahren sie hinaus ins Deutsche und füllen den neuen Toyota mit Butter, Mehl, Milch, Zucker, Salz, Öl, Fleisch – viel Fleisch, weil Alois Fleisch so sehr liebt, Würste, Braten, Koteletts – mit Reis, Nudeln, Wein im Karton, am liebsten Jumilla.

Jeden Morgen holt Alois frisches Brot und wartet, bis Annely aufsteht. Jeden Abend, zur Tagesschau, essen sie zwei Äpfel, Annely mag zwar keine Äpfel, und doch isst sie einen, damit Alois, seinen Apfel in der Hand, nicht so einsam Apfel essen muss abends um halb acht.

Im Herbst 1995, fünfundsechzigjährig, setzen sie sich an den Tisch im Wohnzimmer, beide mit Papier und Stift, und schreiben auf, wer einst, wenn es so weit ist, an ihrem Grab stehen soll, einem Gemeinschaftsgrab ohne Namen, und wer dann zum Essen geladen ist und was es zu essen geben wird beim Leichenschmaus, Rahmschnitzel, Salat und – sowohl als auch – Pommes frites und Nudeln, weil Annely Pommes frites den Nudeln vorzieht, aber Alois Nudeln den Pommes frites.

Zweimal im Jahr fliegen sie nun auf ihre Insel, November und Februar, zweimal sechs Wochen in Maspalomas, und leben im immer gleichen Häuschen Nummer 3 in der Anlage Las Vegas, wandern jeden Morgen am Strand, fast zwanzig Kilometer weit. Nachmittags legt Alois sich unter Palmen und schaut den Papageien zu, die lange grüne Schwänze haben, den Wiedehopfen, die sich furchtlos neben ihn setzen und Datteln aus dem Sand picken. Reisen Annely und Alois zurück in die Schweiz, stoßen sie ihre Kleider in zwei Koffer und stellen sie, bis sie wiederkommen, im Hotel ein.

Dreiundvierzig Jahre lang leben sie jetzt an der Rüeggisingerstraße, keine Sicht mehr auf die Berge, nur noch Wände und Lärm, und Alois sagt, eigentlich hätten sie Besseres verdient.

Am 8. November 2001 ziehen sie an die Schützenmattstraße 8, vor ihnen die Geleise der Bahn, Fabriken, dahinter Wald, der hohe Berg Pilatus, Himmel.

So schön, sagt Annely, hatten wir es noch nie.

Dann könnten wir ja nur noch zu Hause bleiben, sagt Alois.

Nein!, schreit Annely.

War ein Scherz, lacht Alois.

Maspalomas, Las Vegas, Bungalow 3, November 2002, Annely wundert sich, dass Alois kein Fleisch mehr isst.

Nur Eis und Suppe, sagt sie, seltsam.

Ja, sagt Alois.

Alois will nicht mit auf die Morgenwanderung.

Was ist nur los mit dir?

Müde bin ich, sonst nichts.

Alois isst kaum noch, er verliert fast zwanzig Kilo an Gewicht.

Du musst zum Arzt, sagt Annely.

Wenn wir zu Hause sind.

Zu Hause ist Weihnachten, Alois sitzt in seinem lila Sessel und singt die Lieder nicht, die er einst am lautesten sang.

Der Arzt sagt, er könne nichts feststellen, und schickt Alois zu einem Kollegen, dreimal befehlen sie Alois in den Tomographen des Kantonsspitals, dreimal die Auskunft, man könne nichts sehen, ihm fehle, soweit sichtbar, nichts.

Mir fehlt nichts, sagt Alois, das Blutbild stimmt, ich bin einfach nur müde. Das geht vorbei.

Und Annely weiß, das geht nicht vorbei.

Abends sitzen sie vor dem Fernseher, die Tagesschau, Alois isst keinen Apfel, er sagt: Annely, es macht dir doch nichts aus, wenn ich jetzt ins Bett gehe.

Dann wankt er hinüber ins Schlafzimmer, legt sich hin und schläft schnell ein.

Gran Canaria, zum dreiunddreißigsten Mal, ist schon gebucht, Ende Februar 2003.

So können wir nicht fliegen, sagt Annely.

Mir fehlt ja nichts, sagt Alois.

Ich sehe doch, wie viel dir fehlt.

Lass uns fliegen, Annely, dort wird alles besser.

Alois liegt unter Palmen, matt und dünn, und schaut den Wiedehopfen zu, die sich neben ihn setzen.

Annely setzt sich ins Meer und weint.

In seiner Hose findet sie eine Schachtel Melabon, Schmerztabletten, sie schmeißt sie in den Müll, der Alois soll sich damit nicht noch mehr kaputtmachen.

Und Alois fragt nicht, wo die Tabletten sind.

6. April 2003, Tag der goldenen Hochzeit, fünfzig Jahre Anna und Alois E.-B., Alois bestellt Blumen, er wartet und wartet, man liefert die Blumen am Abend erst, Alois zittert vor Wut.

Als sie, alle Koffer dabei, wieder im Flugzeug sitzen, weiß Alois nicht, wohin mit den Füßen, mit den Beinen, alles schmerzt, es ist Palmsonntag, 14. April 2003. Annely hält Alois' Hand, sie sitzt am Fenster, dreht sich weg und schaut hinab auf Gran Canaria, wieso, denkt sie, habe ich ihn bloß um seine Tabletten gebracht.

Der Arzt sagt: Sofort ins Spital.

Das geht nicht, sagt Alois, am Sonntag haben wir Fest mit der Verwandtschaft, goldene Hochzeit.

Alois schläft nun in Annelys Bett, näher bei der Tür.

Über dem Bett ein Bild in Öl, Gasse von Gandria, gekauft mit dem letzten Geld am letzten Tag der Hochzeitsreise vor fünfzig Jahren, 128 Franken.

Am Ostermorgen, 20. April 2003, zieht Annely Alois eine schöne Hose an, die Hose schlottert, und Alois, vom Stehen erschöpft, legt sich hin und schlummert weg, bis der Sohn kommt, man fährt hinauf zur Klosterkirche Wesemlin, Alois reicht den Enkeln die Hand, der Schwester, der Schwägerin, den Nichten, Neffen, er setzt sich in die erste Bank und lächelt, Maiglöckchen für sie, Stiefmütterchen für ihn, Annely neben Alois.

Weißt du noch, Annely?, flüstert Alois.

Ein Kapuziner lobt die Liebe, die alles überdauere, er erfleht den Segen des Allmächtigen, dann sammelt Alois die Blumen ein und wankt zum Auto des Sohnes, man fährt hinunter ans Ufer der Reuss, dreißig Menschen, und setzt sich in die Pizzeria Da Salvatore, goldene Hochzeit, Alois isst einen ganzen Teller Spaghetti leer.

Mir fehlt ja nichts!

Eintritt ins Kantonsspital Luzern am Dienstag, 22. April 2003, Medizinische Klinik, U-Elektrophorese, S-Elektrophorese, Blutgasanalyse, Ruhe-EKG, Transthorakale Farbdopplerechokardiographie, Skelettröntgen, augenärztliches

Konsilium, zweimal täglich fährt Annely auf ihrem Rad zu Alois und setzt sich an sein Bett.

Das kommt schon gut, sagt Alois.

Annely schweigt.

Irgendwann bittet ein Professor Annely und Alois in sein Büro, endlich habe man entdeckt, woran Alois leide, seine Krankheit sei sehr selten, ein Plasmozytom, nur drei von hunderttausend Menschen seien je davon betroffen.

Was ist das?

Knochenmarkkrebs.

Man werde, sagt der Professor, das Menschenmögliche einleiten, zuerst eine Dialyse, Blutwäsche, zumal bereits eine Niere versagt habe, man werde Alois' Grundleiden, das Plasmozytom, therapieren, allenfalls per Chemotherapie, auch eine medikamentöse Kaliumsenkung werde man vornehmen und die Azidose angehen, die Übersäuerung, auch die Hypothyreose, Schilddrüsenunterfunktion, große Schmerzen seien nicht zu erwarten.

Auf dem Heimweg zündet Annely in der Marienkirche eine Kerze an.

Wieder fährt sie hinauf zum Kantonsspital, setzt sich an Alois' Bett und hält seine Hand, 5. Mai 2003, und Alois, bleich und schmal, fragt leise: Annely, darf ich nach Hause kommen?

Komm, Alois.

Herr E., dann leben Sie noch zehn Tage, sagt der Professor.

Ich muss aufräumen, das Nachttischchen zum Beispiel, sagt Alois.

Sie könnten ersticken, sagt der Professor.

Ich will nach Hause.

Frau E., Sie wissen nicht, was auf Sie zukommt!

Bevor Alois im Auto seines Sohns nach Hause reist, am

Vormittag des 7. Mai 2003, ruft er Annely an und bittet sie, eine Pizza zu bestellen, ohne Fleisch, ohne Fleisch, dann kauft er am Spitalkiosk eine Tafel Schokolade, Tobler-O-Rum, die Annely so sehr liebt, und drei Zeitschriften, Frau mit Herz, Glückspost.

Alois lässt keinen Krümel übrig.

Jumilla aus dem Karton.

Er räumt das Nachttischchen auf, belässt nur, was nützlich oder amtlich ist, das Militärdienstbuch, das Zivilschutzdienstbuch, das Feuerwehrdienstbuch, den Fahrausweis, den Blutspenderausweis, das kleine Volksmessebuch für die Sonn- und Feiertage, Andenken an die Schulentlassung in Littau, 25.3.1945, die Identitätskarte, E. Alois, Größe: 176 cm, Augen: grün, Haare: braun, den Kaninchentöter, Modell Rekord, Nr. 5862, Kaliber 6 mm.

Der Sohn kommt zu Besuch, die Tochter, die Enkel, die Schwägerin, Alois, weiß und dürr, sitzt auf dem lila Sofa, ihm sei pudelwohl, Annely trägt Lachs auf.

Alois bittet den Sohn, das Auto zu verkaufen.

Abends blättern Annely und Alois durch Alben, Daheim schneit es und hier blühen alle Blumen, Alois liebt Tomatensalat.

Hast du Angst?, fragt sie leise.

Ach Annely, sagt Alois und schweigt.

Alois' Beine schwellen auf, jeden Tag mehr.

Nun liegt er meist in ihrem Bett, näher zur Tür, und schläft.

Sag mir, was dir guttut.

Sag mir, was du essen willst.

Manchmal wagt er sich auf den Balkon und schaut zum Himmel.

Am 13. Mai 2003 steht Alois nicht mehr auf, er lallt, Annely versteht ihn kaum, sie holt eine Vase, Alois pisst hinein.

Möchtest du, dass ich einen Pfarrer rufe?

Wozu?, fragt Alois.

Schließlich Pampers.

Nachts liegt Annely neben Alois, beide dreiundsiebzig, sie stark und braun, er schmal und gelb, sie weint, will nicht schlafen, um bei Alois zu sein, wenn er geht.

Annely, was hast du?, fragt er.

Schlecht geträumt, lügt Annely.

Er sagt, er habe Durst, sie holt Wasser, reicht ihm, wie der Arzt es empfahl, nur Löffel nach Löffel, damit er sich nicht verschluckt.

Durst, lallt Alois, Durst, und tastet zitternd nach dem Glas, das Annely ihm entzieht.

Lieber Gott, lass meinen Alois endlich gehen.

Alois sagt, vergangene Nacht habe er gehen wollen, aber den Weg nicht gefunden.

Geh nur, sagt Annely, unsere Eltern werden dir den Weg schon zeigen.

Eines Nachts um zwei, mit lauter Stimme, fragt Alois plötzlich: Wann gibt es Frühstück?

Annely eilt in die Küche, holt Brot aus Sauerteig, sein liebstes Brot, und füttert Alois mit kleinen Stücken, den weichsten Teilen.

Hat dieses Brot keine Kruste?, fragt Alois.

Am nächsten Morgen, gestützt von Annely und ihrem Sohn, schleppt er sich ein letztes Mal ins Wohnzimmer, zehn Schritte weit, Schützenmattstraße 8, Alois schaut die Möbel an, das lila Sofa, die Wohnwand, darauf der Marder, der ihm dreiunddreißig Meerschweinchen nahm, der Goldfasan Hansi, das treueste Tier, das er je besaß, der Eichelhäher, die Zinnbecher, Annelys Bücher, Die feuerrote Baronessa, Der König der Bernina, und haucht: So eine schöne Stube.

Sie legen Alois in Annelys Bett, er schläft und schlummert, Annely streichelt sein Gesicht, sie laufe nun, sagt sie, schnell hinüber zur Marienkirche und zünde dort eine Kerze an, doch wenn er gehen wolle, während sie weg sei, dann möge er ruhig gehen.

Heute Mittag, spricht Alois, will ich ein Kotelett!

Die letzten Worte.

Am 19. Mai 2003, nachts um elf, ringt Alois um Luft, er öffnet die Augen, schließt sie langsam. Annely schiebt Alois das Gebiss in den Mund, bindet das Kinn hoch, zieht ihm den Ring vom Finger.

Dann ruft sie den Arzt und wartet.

Sie wartet und weiß nicht, was sie denken soll.

Gegen zwei Uhr in der Nacht tragen sie ihn, den blauen Trainingsanzug am Leib, Marke Adidas, aus dem Haus, Annely legt sich in ihr Bett, noch warm von ihm.

In seinem Nachttischchen findet sie die kleine, dünne Agenda, die sie ihm vor Jahrzehnten zum Geburtstag schenkte, darin, über die Monate verteilt, Zwanzigfrankenscheine, das letzte Hasengeld, festgemacht mit selbstklebenden Zettelchen, Annely, du warst das Beste in meinem Leben, Annely, ich danke dir für alles, Annely, Zufälle gibt es nicht.

Sie legt ihm Stiefmütterchen in den Sarg.

Der Leichenschmaus geschieht im Restaurant Kreuz, 28. Mai 2003, Rahmschnitzel, Salat und – sowohl als auch – Nudeln und Pommes frites.

Annely ist froh, dass Alois' Schwester seine Kleider mitnimmt, seine Schuhe, Annely behält nur das leichte farbige Hemd, das er auf Gran Canaria trug, so weit und luftig, dass auch sie es tragen könnte.

Annely zittert.

Diese Ruhe hier.

Annely stellt den Fernseher an, das Radio, Annely öffnet ein Fläschchen Sekt, dann kippt sie den Sekt in den Ausguss. Wenn sie ihrem Alois, denkt Annely, in seinen letzten Tagen schon kaum Wasser gab, steht ihr Sekt jetzt nicht zu. Einmal heult sie auf dem Balkon im vierten Stock – aber da unten ist nur Rasen, kein Beton. Der Arzt verschreibt Antidepressiva.

Annely, sagt Alois, dein Leben geht weiter.

Annely steigt jeden Morgen auf ihr Rad und fährt zum Schwimmbad Mooshüsli, Kabine 73, und schwimmt bis zur Erschöpfung, mindestens einen Kilometer weit, hin und her, im Sommer und im Winter, Jahr nach Jahr.

Alois, was sagst du zu meinen neuen Schuhen?

Meine Hausratversicherung, Alois, brauch ich die noch?

Nacht für Nacht, spätestens um halb zwölf, steht Annely auf ihrem Balkon und schaut hinauf zu Alois. Annely ist jetzt achtzig und Alois ein Stern, der größte am Himmel über Emmenbrücke und Gran Canaria.

Und Annely fragt: Alois, wann holst du mich endlich zu dir, Alois?

Doch der lächelt ja nur da oben und will seine Ruhe, der Alois, sie kennt ihn genau.

Und Anna E., die nie anders hieß als Annely, setzt sich wieder auf ihr lila Sofa, Nacht für Nacht, und löst Kreuzworträtsel oder liest ein Buch, nichts Schweres, eine Liebesgeschichte vielleicht.

»Verliert der Nussbaum schon sein Laub?«

H ast du schon einmal geküsst?

Angela ist dreizehn, geboren am 6. Juli 1974 in Mingir, Sowjetrepublik Moldau, Andrei ist zwei Jahre älter, geboren in Mingir an der Ostkante Europas.

Mit der Zunge musst du küssen, nicht mit deinen Zähnen, kichert das Mädchen.

Sie hat Blutgruppe AB Rh$^+$.

Er hat Blutgruppe B Rh$^+$.

Angela ist die jüngste von drei Geschwistern, Andrei der jüngste von sieben, fünftausend Familien im Dorf. Ihr Vater fährt die Traktoren der Kolchose, seiner ist Melker. Wenn Andrei Chitanu die Kühe hütet, legt sich Angela Botezatu heimlich zu ihm. Die Schläge des Vaters nimmt er in Kauf.

Im Sommer Staub, im Winter Schlamm.

Angela, 15, der Schule entkommen, zieht ein Jahr lang zu ihrer Schwester Ala in die Ukraine, wird Pralinenmacherin. Andrei bleibt in Mingir, wartet und arbeitet, wo viele arbeiten, in der Kolchose. Andrei hat langes dunkles Haar, schmales Gesicht.

Am Tag, bevor er Rekrut der Roten Armee wird, schenkt er Angela eine blaue Schachtel.

Für die Briefe, die ich dir schicken werde, jeden Tag einen.

Sie lacht, Angela glaubt ihm nicht, sie lacht und weint.

1. Juni 1990, 6.00 Uhr, Andrei steigt in den Bus. Vier Tage später der erste Brief: Jetzt bin ich kahl wie ein Apfel.

Angela nummeriert Andreis Briefe, legt sie in die blaue Schachtel, 22 Monate lang, 600 Briefe, Nr. 126: I LOV YOU.

Im April 1992 kehrt Andrei ins Dorf zurück, die Sowjetunion ist nicht mehr, er wohnt auf dem Hügel im kleinen weißen Haus der Eltern.

Ohne Arbeit am Ende von Europa.

Andrei Chitanu, 20, und Angela Botezatu, 18, reisen nach Sibirien, Angela legt, bevor sie geht, einen Zettel auf den Tisch: Mama, Papa, ohne Andrei will ich nicht sein.

Sieben Tage im Zug bis Solikamsk, viele Stunden im Boot bis Kercevo.

Andrei ist jetzt Flößer, Angela kocht für ihn, bringt ihm Wasser in den Wald, Brot, Kuchen, Küsse. Angela ist schwanger.

Am 6. September 1992 sind sie wieder in Mingir, Moldau, 28.000 russische Rubel im Gepäck.

Am 7. September schickt Andrei, schmal und mutlos, die Zähne faul, einen Freund zu Angelas Eltern.

Andrei Chitanu, dort drüben am Hügel, bittet Sie um die Hand Ihrer Tochter Angela, er sagt, er liebt Angela wie sich selbst und werde Angela immer lieben und immer für sie sorgen.

Heirat in Weiß, 25. Oktober 1992.

Sechs Tage später das Fest, zuerst bei ihren Eltern, dann bei seinen, im Garten steht ein Zelt, darin drei Reihen von Tischen, Andrei hat ein Schwein gekauft, hat es schlachten lassen, was verbraucht ist, ist verbraucht, fast täglich verliert das Geld an Wert.

Mit sechs anderen aus dem Dorf Mingir fährt Andrei nach Swerdlowsk, Russland, wird Stallknecht, Angela, 18 und schwanger, bleibt bei ihrer Mutter, füllt die blaue Schachtel.

Zwei Monate später ist Andrei zurück, 7500 Rubel.

Am 15. März 1993 kommt ein Sohn zur Welt, sieben Wochen zu früh, 1400 Gramm, Angela gebärt im Krankenzimmer von Carpineni, dem Nachbardorf, ihr Kind ist zu schwach, sie bringt es in die Hauptstadt Chişinău, wacht an seinem Bett.

Ein drittes Mal reist Andrei nach Russland, 6000 Kilometer weit, ist Feuerwehrmann auf einer Ölbohrstation in Surgut.

Angela und ihr Sohn Ion leben bei Angelas Mutter. Andreis Eltern begreifen nicht, dass das Kind nach Angelas Vater heißt, nicht, wie es Brauch ist, nach dem Vater des Vaters.

Er gehorcht ihr, flüstern sie, wie ein feiger Hund.

Oktober, Andrei kommt aus Russland.

Besser, wir wären in Sibirien geblieben, klagt Angela.

Andrei ist Tagelöhner, Maurer, Stallknecht, Holzfäller, Straßenbauer, Weinbauer, Gänsehirt, Traktorfahrer, Fabrikarbeiter, Kuhhirt.

Die Geburt von Vasile, 8. Oktober 1995. Andrei, 23, leiht sich Seife von seinen Eltern.

Wenn sie nicht weiterweiß, zündet Angela in der Kirche eine Kerze an und schämt sich, dass sie die Kerze nicht bezahlt.

Angela und Andrei ziehen in das kleine weiße Haus seiner Eltern an einer Straße ohne Namen, kein Wasser darin, kein Strom, die Toilette im Garten, belagert von Hühnern.

Es geht den anderen nicht anders, sagt er, alle hier sind arm.

Alle außer Nina, denkt Angela.

Von Nina U. heißt es, sie sei reich geworden, weil sie eine ihrer Nieren verkaufte, Oktober 1998.

Ich kann dir helfen, du bist jung und gesund, 3000 Dollar für eine Niere, eine Woche bist du fort, eine kurze Woche in Istanbul, hast keine Schmerzen, viel Geld.

Tu's nicht, sagt Andrei.

Ich will, sagt Angela. Ohne Grund hat der Mensch nicht zwei Nieren. Eine zu viel.

Wenn Andrei mich nicht fahren lässt, denkt sie, fahre ich heimlich.

Angela übergibt Nina U. ihren Personalausweis, Tage später hat sie einen moldauischen Pass, A 1486930, Größe 155 cm, Augenfarbe graugrün.

Nina U. sagt: In vier Wochen geht's los, in fünf bist du wieder hier.

Tu's nicht!, bittet Andrei.

Und Angela wird schwanger.

Schwangere nehmen wir nicht, sagt Nina U.

Dann treibe ich ab.

Womit? Du hast kein Geld.

Und wenn du es mir vorschießt vom Lohn für meine Niere?, bettelt Angela Chitanu, 24 Jahre alt, November 1998.

Ich bin keine Bank.

Es geht den anderen nicht anders, sagt Andrei, hier sind alle arm und leben doch.

Kein Geld für Butter.

Angela verbrennt seine 600 Briefe, Nr. 126 will nicht brennen, I LOV YOU.

Im April 1999 bietet Andrei, an Angelas Stelle, Nina U. eine Niere an. Angela sagt: Tu's nicht, wahrscheinlich hast du recht, irgendwann wird alles besser.

Manchmal, drei oder vier Stunden lang, arbeitet Angela

in der Konservenfabrik von Mingir, Geld für eine Glühbirne in der Küche, für einen Spiegel im Schlafzimmer.

Tu's nicht.

Am 25. Juni 1999, Freitagnachmittag, fährt Nina U. im
Auto vor.

Andrei, in einer halben Stunde brechen wir auf, komm
zum Dorfplatz.

Andrei legt Angela, die in der Konservenfabrik ist, einen
Zettel auf den Tisch: Bin zur Arbeit gegangen!

In den Kleidern, die er am Leib hat seit einer Woche,
steigt Andrei Chitanu ins Auto von Nina U., sie fahren nach
Krivoi Rog in der Ukraine, bleiben drei Tage in einem Hotel,
fahren nach Saporischschja, fliegen nach Istanbul, zwei
Stunden weit, 29. Juni 1999, Ankunft 13.05 Uhr. In Istanbul
bringen sie Andrei in eine Wohnung, er soll viel trinken,
seine Nieren spülen. Ein Arzt misst Andrei den Puls, nimmt
ihm Blut, Blutgruppe B Rh$^+$, hört Herz und Lunge ab. Am
nächsten Morgen führen sie Andrei, 27, in ein Hotel, das er
nicht verlassen darf, nachts schaffen sie ihn in ein Krankenhaus, nehmen wieder Blut, bringen ihn zurück.

Angela ahnt, wo Andrei ist, nachts stellt sie eine Kerze
ans Fenster des kleinen weißen Hauses.

Euer Papa hat eine Arbeit gefunden, erzählt sie den Söhnen, in ein paar Tagen ist er zurück.

Andrei hat eine Arbeit gefunden, sagt sie ihrer Mutter.

Am Freitag, 2. Juli, ruft Andrei Chitanu einen Nachbar
an, der in der Straße ohne Namen lebt, Mingir, Republik
Moldau, ärmstes Land von Europa, und verspricht ihm,
am Sonntag wieder anzurufen, am Sonntag um die gleiche
Zeit, Angela soll am Sonntag in der Nähe sein, um mit ihm
zu reden.

Die Arbeit hier läuft bestens, sagt Andrei, man verdient
gutes Geld.

Am Samstag darf er nichts essen, kein Wasser trinken vom Hahn.

Am Sonntag, 4. Juli, holen sie ihn zur Operation, früher Morgen in Istanbul. Drei Stunden lang liegt Andrei Chitanu in einem Zimmer, Schläuche im Arm, dann schieben sie sein Bett in einen hellen Saal. Dort, auf einem Tisch, liegt betäubt eine Frau, Sommersprossen. Jemand krümmt sich über ihn und sagt auf Russisch: Zähl bis zehn. Andrei kommt bis vier.

Meine Schuld, dass er gegangen ist, denkt Angela im Haus des Nachbarn, der ein Telefon besitzt.

Andrei erwacht und weiß nicht, wo er ist. Man befiehlt ihm zu trinken, zu gehen, jemand besieht sich die Wunde, reinigt und pflegt. Fünf Tage nach der Operation schaffen sie Andrei in die Wohnung eines Mannes, der nur Türkisch spricht.

Samstag, 10. Juli, sechs Tage nach der Operation, Andrei Chitanu steigt in den Bus, der Mann, der nur Türkisch spricht, gibt ihm 2900 Dollar, Andrei zählt das Geld und wagt nicht, die fehlenden 100 Dollar zu verlangen.

Zwei Tage im Bus von Istanbul nach Bulgarien, nach Rumänien, nach Moldau. Das linke Bein schmerzt, alles schmerzt. Andrei, aus Angst, man sähe ihm seinen Reichtum an, steckt das Geld in die Unterhose.

Angela sitzt vor dem Fernseher, als sie seine Schritte im Garten hört, es ist Nacht. Sie will ihn berühren. Andrei zeigt ihr das Geld. Angela schiebt es weg, umarmt den Mann.

Er sagt: Versteck das, damit es keiner sieht.

Das Bein schmerzt, Bauch, Rücken.

Zwei Tage später steht jemand vor dem Haus, bietet Arbeit an, Straßenbau, Andrei Chitanu fragt: Wann?

Sofort.

Andrei geht mit, schaufelt Schotter, wagt nicht, das Hemd auszuziehen.

Waschmaschine, Fernseher, Telefon, Kleider, Schuhe, Wandteppiche, Farbe für den Gartenzaun, grün und weiß, 1000 Dollar schicken sie Angelas Schwester Ala, die in der Ukraine lebt und Geld braucht, um gefälschte Papiere zu kaufen für die Reise nach Italien.

23. August 1999, Angela gebärt den dritten Sohn.

Schmerzt Andrei der Rücken, legt er sich aufs Bett, Angela massiert.

Kein Geld für einen Arzt.

Staub im Sommer, Schlamm im Winter.

Angela Chitanu arbeitet in der Konservenfabrik, drei oder vier Stunden lang, Andrei auf dem Bau, auf dem Feld, im Garten, ein Gewitter zerstört das Gemüse, die Weinreben hinter dem Haus, Sommer 2003.

Manchmal ruft Angelas Schwester Ala aus Italien an, schickt in einem Umschlag 20 Euro.

Ich gehe nach Italien, beschließt Angela.

Wozu?, fragt Andrei.

Wozu!, schreit sie, wozu!

Sie kennt einen Mann, Cousin eines Cousins, der Pässe und Visa verkauft, 2100 Euro für die Flucht aus Mingir.

Wozu?

Ich schicke dir Geld, so viel, wie du noch nie gesehen hast.

Aber.

Denk an die Kinder, sagt sie.

Andrei verkauft seine Kuh, das Schwein, drei Hühner, den Kühlschrank.

Anfang November 2003, Angela Chitanu steigt in den Bus, es ist früher Morgen, noch dunkel. In ihrer Tasche ein Foto der Söhne, des Mannes, ein kleines Kreuz, ein rumänischer Pass, Nr. 04827096, Aniko Solaghi, geboren am 31.8.1976 in Satu Mare. Angela lernt auswendig, kommt bis Györ, Ungarn. Handschellen, zwei Wochen Haft, 60 Euro Buße, Aktenzeichen B 2309/2003/1.

24. November 2003, Andrei hört im Garten ihre Schritte. Zwei Tage später ruft er den Cousin ihres Cousins an, verlangt die 2100 Euro zurück, bekommt 1500.

Besser, du bleibst hier, sagt Andrei.

Damit der Schlamm die Schuhe der Söhne nicht füllt, trägt Andrei die Kinder, wenn sie zur Schule müssen, auf seinem Rücken bis zum Fuß des Hügels, auf dem das kleine weiße Haus steht, trägt sie wieder auf den Hügel, wenn sie von der Schule kommen.

11. März 2004, Angela Chitanu steigt in den Bus, Swetlana Boskarkowa, Russin, Papier und Reise kosten 2500 Euro. Verhaftung im Flughafen von Istanbul, mit zwanzig jungen Frauen sitzt Angela in einem Raum, jemand besitzt ein Handy.

Komm nach Hause, bittet Andrei.

Er wartet, hört nichts mehr von Angela, vier Tage lang. Andrei droht dem Cousin ihres Cousins mit der Polizei.

Bring mir meine Frau nach Hause.

Der Cousin fährt im Auto vor und gibt Andrei das Geld zurück, 100 Euro zu viel. Andrei müsse, sagt der Cousin, sofort nach Istanbul reisen, Angelas moldauischen Pass dabei, erst wenn die Türken Angelas echten Pass einsähen, ließen sie Angela frei. Andrei wählt die Nummer des unbekannten Handys, erreicht Angela im Gefängnis.

Nein, befiehlt sie, die wollen dich verarschen, man hielte dich hier für einen Schieber, würde dich sofort verhaften.

25. März 2004, Angela Chitanu in Mingir zurück, Nachbarn tuscheln.

Der Cousin des Cousins bietet eine dritte Reise an.

Nein!, schreit Andrei.

30. Juli, Swetlana Andreewa, 2700 Euro. Im Auto nach Odessa, im Flugzeug nach Wien, nach Mailand. Dutzende von Chinesen sind im Flieger, fast nur Chinesen, Angela denkt, sie sitze im falschen Flugzeug, sie beginnt zu schwitzen und wagt nicht zu fragen. Andrei steht im Haus auf dem Hügel, wartet, dass jemand anruft, die Polizei oder Angela, Ankunft in Mailand um 18.50 Uhr. Angela Chitanu, 30, fällt in die Arme ihrer älteren Schwester Ala, Angela zittert und schluchzt, kann nicht reden.

Die Schwester sagt: Du siehst aus wie eine Bauernmagd auf Hochzeitsreise.

Ala führt Angela durch die Läden der Stadt, kleidet sie ein. Ala sucht Angela eine Arbeit und findet keine, eine erste Woche lang, eine zweite, eine dritte, Angela leiht sich von Ala 100 Euro und schickt sie Andrei.

Mein erster Lohn, Liebster.

Andrei reist in die Kreisstadt Hînceşti, zum ersten Mal in seinem Leben betritt er eine Bank, bittet um ein Konto.

Ala überlässt Angela ihre Stelle, in Vercelli, eine halbe Stunde neben Mailand, pflegt Angela ein altes Ehepaar, Angela kocht, putzt, wäscht, mäht Rasen und schneidet Rosen und Glyzinien, sie jätet, düngt, 800 Euro im Monat, 600 davon schickt sie nach Mingir, Moldau. Angela wohnt im Haus der Herrschaft, denkt sich nachts an die Straße ohne Namen.

Angela kauft ein Handy.

Verliert der Nussbaum schon sein Laub?

Die Kinder fragen, wann du wiederkommst.

Sobald es uns gutgeht, sagt Angela Chitanu in Vercelli, Region Piemont.

Vasile, der Mittlere, schickt Angela eine Karte, Blumen darauf und eine Sonne, unterschrieben auch von seinen

Brüdern: Wenn Regentropfen an unsere Fenster klopfen, kommen sie uns vor, als wären sie deine Tränen. Wir wünschen dir viel Glück und Gesundheit.

Das Wohnzimmer, Andrei, bekommt einen Boden aus hellem Laminat, Birke, die Wand links von der Tür übermauerst du bitte mit Backstein, damit sie aussieht wie ein riesiger Kachelofen, braun, hellbraun, kauf lange Vorhänge, wasche sie bitte, bevor du sie aufhängst, und bügle sie, sonst machen sie Falten.

Andrei legt eine Wasserleitung ins Haus, er baut, was Angela wünscht, ein Badezimmer, eine neue Küche mit Herd und Ofen, er reist in die Hauptstadt Chişinău und kauft einen Computer, trägt die Söhne, wenn sie zur Schule müssen, auf seinem Rücken bis zum Fuß des Hügels, trägt sie wieder hinauf, damit der Schlamm ihre Schuhe nicht füllt.

Und neue Fenster, Andrei.

Nachbarn tuscheln.

Angela schickt Blumensamen aus Italien. Die Blumen wachsen nicht.

Der Kleinste, 6, schläft nachts neben Andrei, 33.

Gestern hat er gefragt, wo er schlafen wird, wenn du wieder hier bist.

Was hast du geantwortet?

Unter dem Bett.

Und dann?

Hat er gelacht, sagt Andrei.

Ich habe Angst, sagt sie.

Wovor?

Dass alles irgendwann aufhört.

Was alles?, fragt er.

Sieben Mal fährt Andrei nach Hînceşti und rahmt seine faulen Zähne mit Gold.

Am 10. November 2005, Donnerstag, 6.15 Uhr, schickt Angela Andrei eine SMS: Hier alles gut, wünsche einen schönen Tag, Kuss.

Angela recht Laub im Garten ihrer Herrschaft, sie schwitzt, zieht die Jacke aus. Gegen neun Uhr abends legt sie sich ins Bett, kann nicht schlafen, sie friert. Kopfschmerzen, Schmerzen wie noch nie. Sie will aufstehen, kann nicht, Angela erbricht, ruft auf dem Handy die Tochter des Ehepaars an, das sie pflegt, und stottert ins Gerät. Angela nimmt wahr, wie man sie auf eine Bahre legt, Koma.

Andrei, ohne Grund, ruft Angela an, zehn Uhr nachts, elf Uhr, er versucht es drei oder vier Mal. Am Morgen erreicht er Angelas Schwester, Ala wimmert, Angela habe sich sehr erkältet, bleibe wohl für Wochen im Krankenhaus.

Pavia, Policlinico San Matteo, Viale Golgi 19.

Hirnblutungen, subarachnoidal, gleichzeitig epidural, sehr selten. Angela hört zu atmen auf, Luftröhrenschnitt, AB Rh⁺, Maschine.

Ärzte öffnen Angelas Schädel.

Andrei baut das Badezimmer fertig, die Wanne, wie Angela gesagt hat, an der rechten Wand.

Schlamm.

Koma.

Die Abteilung für öffentliche Sicherheit im italienischen Innenministerium stellt Angela Chitanu eine Aufenthaltsbewilligung aus, L508669, 28.11.2005, Motivo del soggiorno: cure mediche.

Zwei Tage vor Weihnachten erwacht Angela aus dem Koma, gelähmt an Beinen und Armen. Sie verlangt ein Telefon, spricht mit leiser hoher Stimme.

Ist es warm im Haus?

5. Januar 2006, Andrei steigt in den Bus nach Bukarest,

Rumänien, Brot im Gepäck, Wurst, eine Flasche Wasser.
Vor der italienischen Botschaft stellt er sich in die
Schlange Wartender, jemand sagt: Du hast ja keine Papiere! Aber eine Einladung!, antwortet Andrei. Der andere
lacht. Andrei kauft eine Telefonkarte am Kiosk, ruft die
Botschaft an, vor der er steht, sagt, er sei eingeladen vom
italienischen Staat, seine gelähmte Frau zu besuchen. Sie
holen Andrei ins Haus, geben ihm das Ticket, Abflug noch
am gleichen Tag, 16.10 Uhr, Andrei nimmt ein Taxi, erreicht das Flugzeug nach Milano Malpensa.

Nachts, im Gästehaus der italienischen Caritas, isst er
sein Brot, die Wurst aus Mingir.

Sie lächelt und weiß nichts zu reden.

Er streichelt ihren lahmen warmen Arm.

Erzähl von zu Hause, sagt sie.

Alles sauber und neu, sagt er.

Und die Kinder?

Drei Knaben.

Angela lächelt.

Nichts zu machen, flüstern die Ärzte.

Zwei Wochen lang ist Andrei in Italien und reist täglich
an Angelas Bett. Die Zigaretten, die er kauft, fünfmal so
teuer wie in Mingir, raucht er nur zur Hälfte, löscht sie,
raucht die zweite Hälfte später.

Nichts zu machen.

Verlegung ins Centro di Riabilitazione Villa Beretta in
Costamasnaga bei Como. Manchmal kommt die Schwester zu Besuch, Ala, manchmal die Tochter des Ehepaars,
dem Angela Chitanu gedient hat.

Die Kinder schicken Zeichnungen.

Manchmal, wenn es ihr gutgeht, bewegt sie ihren rechten Arm, zehn Zentimeter weit. Die linke Hand, verkrümmt
zu einer Flosse.

8. Februar 2007, zwei italienische Ärzte begleiten Angela Chitanu in einem Ambulanzflugzeug nach Chişinău. Gesandte des moldauischen Gesundheitsministeriums sind am Flughafen und versprechen das Beste. Sie bringen Angela ins Institutul de Neurologie si Neurochirurgie, Abteilung Reanimation, dort, unter drei Bewusstlosen, bleibt sie zehn Tage lang liegen, hungrig, durstig, ungewaschen. Man schiebt sie auf die Intensivpflegestation, sieben Kranke darin, eine Schwester, die am Computer Karten spielt, es ist dunkel und stickig, wer Angela besuchen will, muss einen Schutzmantel kaufen, eine Haube, Angela liegt auf dünnem Tuch, darunter hartes Plastik, niemand, der sie wäscht.

Andrei bringt Brot und Söhne.

Manchmal rufen die italienischen Ärzte an. Alles bestens, sagt die Krankenschwester.

Druckstellen an Rücken und Gesäß.

Sie hat Druckstellen, lärmt Andrei.

Ist normal, sagt die Schwester, nicht unsere Schuld.

Verlegung ins Kreiskrankenhaus von Hînceşti, März 2007. Einmal fällt der Strom aus, acht Stunden lang, Angela hat Angst zu ersticken.

Das war, sagt ein Arzt, eine gute Übung, irgendwann musst du ja wieder selber atmen.

Es geht mich zwar nichts an, sagt der Arzt zu Andrei, aber, unter Männern gesagt, wenn ich du wäre, sähe ich mich nach einer anderen um.

Lungenentzündung. Andrei geht nicht mehr nach Hause.

Am 21. März 2007 bringt das Jurnal de Chişinău das Gerücht, Nachbarn des Ehepaars Chitanu im Dorf Mingir, Landkreis Hînceşti, vermuteten, die Lähmung der Frau stamme nicht von spontanen Hirnblutungen, sondern von

Schlägen der italienischen Herrschaft, die Angela beim Stehlen erwischten.

Man befiehlt Andrei Chitanu in die Hauptstadt, ein Polizist sagt: Schreib auf, was sie alles gestohlen hat.

Ende April 2007, an einem Samstag, lädt Andrei, 35, Angela, 33, abgemagert bis aufs Skelett, in das Auto eines Freundes, er schiebt Kissen in ihren Rücken, legt Decken um, bindet Angela an den Sitz und holt sie nach Mingir, das Loch an ihrem Gesäß, graues faules Fleisch, reicht bis zum Knochen, Dekubitus. Andrei Chitanu trägt Angela, geborene Botezatu, ins Haus, er legt sie aufs Bett, rechts die langen glatten Vorhänge, links die Wand aus braunem Backstein, am Boden helles Laminat, Birke.

Ein Paradies, sagt sie mit hoher leiser Stimme.

400 Lei im Monat, 23 Euro Behindertenrente.

Manchmal stellt Andrei eine Maschine an und saugt den Schleim aus Angelas Luftröhre. Er streichelt ihren Rücken, wechselt ihre Windeln. Die Söhne waschen die Lumpen und hängen sie hinters Haus.

Manchmal schreit Andrei.

Nachts lauscht er, ob Angela noch lebt.

Eines Morgens, Anfang Juli 2008, liegt sie kalt und blau im Bett.

Andrei, um Angela zu begraben, verkauft die Badewanne.

Der Älteste, Ion, 16, rettet Angelas Kamm unter sein Kissen, daran ihre Haare.

»Im Moment viel Mozart«

MAGDA UND ALEXANDER

D a ist, einerseits, diese Frau. Abkömmling der Stahl-
dynastie Schöller-Bleckmann, Magda heißt das Mädchen, Magda Bleckmann, hübsch, frech, geboren am
5. Juni 1968. Es wird groß in einer Welt, in der jeder weiß,
was sich ziemt, was zählt, reich, schön macht, man fühlt
deutsch und national, Mozart war schließlich deutsch,
Beethoven, Goethe, alle Großen. Bei Gelegenheit steckt
man sich in eine Landestracht, wird es Herbst, treibt's die
Society, im wasserdichten Textil, zur Jagd. Ein behütetes
Leben.

Andererseits dieser Mann.

Der ist sechs Jahre älter als die Frau, stammt aus der
Unauffälligkeit am Rand der Stadt Graz, Steiermark, Ös-
terreich, Alexander Jost sein Name. Der Vater stirbt früh,
Alexander, schmal und schlau, trägt als Mittelschüler am
liebsten nur Anzüge, fällt auf durch die Worte, die er ge-
wählt und frühreif setzt, ein Kleiner im Tuch der Großen.
Wird Mitglied der schlagenden Burschenschaft Stiria,
Freiheit, Ehre, Vaterland. Er will Jurist werden, bricht das
Studium ab, dann Architekt, bricht ab, Alexander versagt.

Ganz anders die Frau.

Die wohnt in der Grazer Nobelgegend Ruckerlberg, stu-
diert Betriebswirtschaft an der Karl-Franzens-Universität,

macht bei der Freiheitlichen Studenten Initiative FSI mit, einem Ableger der FPÖ, der Freiheitlichen Partei Österreichs. Kaum dabei, wird Magda Bleckmann Obfrau der FSI. Und Vorstandsmitglied des RFJ, Ring Freiheitlicher Jugend. Immer passend gewandet, sauber gekämmt, leise gepudert, nie verlegen, als Studentin Mittelmaß.

Eines Tages, 1991, fragt der steirische Parteichef an, ein gewisser Schmid, ob die fesche Magda bei den nächsten Wahlen ins Parlament wolle. Magda will, sie ist 23 und redefreudig, lässt keine Kamera aus, kein Mikrofon, wird jüngstes Mitglied des Landtags. Dessen Präsident ruft sie Maskottchen, Magda lacht.

Vier Jahre später ist Magda Bleckmann Pressesprecherin von Landesparteichef Schmid, er nennt sie: meine politische Ziehtochter. Ein Jahr später ist sie geschäftsführende Obfrau im Landtagsklub der Freiheitlichen Partei, Magda unaufhaltsam, Probleme sind da, um sie zu lösen, redet sie, ohne Fleiß kein Preis, Jörg Haider halte ich für den herausragendsten österreichischen Politiker, der die Themen der Zeit vor allen anderen erkennt. Den trifft sie, wenn er den Weg ins Steirische findet, im Grazer Burschenschafterhaus zur Wartburg.

Wieder anders der Mann.

Alexander Jost nennt sich Werbekaufmann. Er wird Vertriebsleiter einer amerikanischen Firma, besticht mit guten Manieren und schlanken Händen, Meister der Unverbindlichkeit. Mit einem Freund gründet er ein eigenes Unternehmen, Marketing, führt, zwei Monate nach der Eröffnung, 70.000 Schilling ab für Privates, der Streit kommt vor Gericht, man vergleicht sich.

Immer wieder reist er auf die Malediven, taucht, genießt, nennt sich dort Schriftsteller. Seine Stimme ist sanft, er liebt die Frauen, die Frauen ihn, der Sascha kann gut zuhören, Sascha ist so sensibel, er schreibt Gedichte, die er sich auf den eigenen Anrufbeantworter redet, er malt, fotografiert, Sascha ist ein Schöngeist, fährt aber, unter anderem, ein schweres Motorrad der Marke Honda, eine Gold Wing GL 1200 Aspencade.

In Graz-Puntigam versucht er sich abermals geschäftlich, das Unternehmen heißt nun Marketing Consult International, Beratungen mancher Art, es ist nirgends angemeldet, besteht aus Türschild, Visitenkarte und einem Eintrag im Telefonbuch, Weiberfelderweg 74 a. In Wahrheit vertreibt Alexander Jost Kochtöpfe, Handyladegeräte, Putzmittel, Bettwäsche, er lässt niemanden in seine Wohnung, er kleidet sich teuer, redet schön und langsam, verkehrt mit Anwälten, Ärzten, Politikern, Alexander Jost, immer braungebrannt.

Dann. Januar 98. Ball in Graz. Magda Bleckmann und Alexander Jost, beide in gebührlicher Gewandung, gefallen sich. Der Mann sagt, er komme eben von den Malediven, dem schönsten Fleckchen hienieden, bleibe nicht lange im Steirischen. Der Mann und die Frau tanzen, geloben einander, sich wiederzusehen. Vergessen sich nicht. Es wird Mai und Liebe, die ganz große. Heirat am 10. Oktober 1999, in ihren Kreisen versteht man die Magda nicht, dass die ihre Eltern nicht zum Fest lädt, was ist bloß in die gefahren.

Der Mann bleibt im Reihenhaus, die Frau im Ruckerlberger Altbau. Eine moderne Ehe. Alexander Jost, Einkaufstaschen an beiden Händen, besucht abends oft seine Frau, kocht, tafelt mit ihr, Magda wird schwanger, Februar 2000, das Leben wunderbar.

In Wien wechselt die Regierung des Staates Österreich, die Freiheitlichen des Jörg Haider kommen mit an die Macht, der steirische Parteichef Schmid, Landesrat in

Graz, darf als Verkehrsminister nach Wien, und bevor er loszieht, stellt er Magda Bleckmann, die Ziehtochter, in die Lücke, die er hinterlässt, Magda, einunddreißigjährig, wird jüngste Landesrätin in Österreich, für Wohnbau, Hochbau, Raumplanung, Umweltschutz und Blasmusik, meine Schwangerschaft, so beruhigt sie das Volk, kann doch wohl kein Problem sein, sie ist ja keine Krankheit.

Im April fliegt das Paar auf die Malediven, sie sagt, Alexander ist der Mann meines Lebens. Tauchen zwischen Korallen. Wieder in Graz, lässt die Landesrätin keine Kamera aus, im Oktober wird gewählt. Hübscher Zufall, sagt sie, dass sie ausgerechnet zur Zeit der Wahlen niederkomme.

Am Morgen des 29. Mai 2000 sagt der Mann der Frau, er verreise für zwei Tage nach Linz, Oberösterreich, Geschäfte. Letzter Kuss. Auch an diesem Montag spendet die Frau ein Interview, wiederholt, was sie so oft ausgesprengt hat in den vergangenen Wochen, Alexander wird, wenn das Kind da ist, zu Hause bleiben, Alexander wird zurückstehen, damit ich meine Karriere fortsetze, Alexander ist der perfekte Hausmann, Schwangerschaft sei keine Krankheit, selbstverständlich würde sie sich bei den kommenden Wahlen als Spitzenkandidatin zur Verfügung stellen, so die Partei dies wünsche.

Der Mann stellt seinen Chrysler Voyager, in den er bereits einen Kindersitz gezurrt hat, in die Tiefgarage des Linzer Möbelhauses Leiner, steigt auf ein Moped. Kurz vor 16 Uhr tritt er an der Kefergutstraße in die Raiffeisenkasse Untergaumberg, der Mann trägt eine alte Jeanshose, eine Jacke, auf dem Kopf eine Schirmkappe, vor dem Gesicht ein weißes Tuch. Er packt die Kassiererin, drückt Metall an ihre Schläfe, kratzt Geld aus den Laden, steckt es in einen Baumwollsack, 37.000 Schilling, 2313 Dollar,

10.000 slowenische Tolar und 80.000 ungarische Forint. Dann rennt er weg, flieht aufs Moped, der Filialleiter ruft die Polizei, er folgt dem Räuber in seinem Wagen, verliert ihn. Eine Funkstreife entdeckt den Mann, bringt ihn zu Fall, der Mann rennt in einen Hauseingang, zielt auf die Beamten. Die schießen sofort. Zweimal richtet der Mann sich auf, tut so, als wolle er zurückschießen, das Ding, das die Polizisten für eine Waffe halten, ist ein großes Feuerzeug, es sieht aus wie eine Pistole. So lange zielt der Mann, bis er sechs Kugeln im Leib hat.

Unter Jeans und Jacke trägt er das Tuch der Großen, einen Anzug aus Zwirn, ein weißes Hemd, Seidenkrawatte, unter den weißen Socken schwarze.

Alexander Jost, Gemahl von Landesrätin Bleckmann, FPÖ, stirbt um 20.29 Uhr im Allgemeinen Krankenhaus, niemand weiß, wer der Räuber ist.

Noch am nächsten Morgen gibt sich Magda Bleckmann, Witwe ohne Ahnung, den Fragen eines Journalisten hin, die Suche nach einem Heim für sich und ihren Mann, sagt sie, stehe kurz vor dem glücklichen Abschluss.

Am Nachmittag der Anruf der Polizei.

Fotos von Alexanders Leiche.

16.37 Uhr, erste Agenturmeldung. 18.30 Uhr, Verkehrsminister Schmid, zugleich Parteichef der steirischen Freiheitlichen, bittet aus Wien, aufgrund der Tatsache, dass sich Magda Jost-Bleckmann in anderen Umständen befinde, in der Berichterstattung sowie der Beurteilung des Vorgefallenen Menschlichkeit walten zu lassen. Der Klubobmann tröstet: Wir sind mit unseren Gedanken bei Frau Bleckmann, und die Generalsekretärin gelobt: Die Partei wird ihr beistehen.

Reporter strömen aus, füllen Seiten. Die Partei will Ruhe, im Oktober sind Wahlen, zum ersten Mal, seit die

Freiheitlichen in Wien und Europa mitmischen. Schicksalswahlen schon wieder.

Doch Magda redet. Gegen den Willen der Oberen. Eine Woche nach dem Tod ihres Mannes lädt die Landesrätin, ganz in Schwarz, zur Medienkonferenz in die Grazer Burggasse, Bild- und Tonaufnahmen verboten. Noch neun Tage bis zur Parteivorstandssitzung. Wo der Spitzenkandidat bestimmt wird.

Magda liest vom Blatt: Als Mutter werde ich diese Prüfung des Schicksals mutvoll annehmen, denn ich bin mir meiner Verantwortung bewusst, und als Politikerin weiß ich, dass ich jetzt erst recht den Menschen, die mir zur Seite gestanden sind, zur Seite stehen werde. Als Frau wird mir aber die Frage: Was hat ihn zu dieser Tat bewogen? wohl nie beantwortet werden.

Tränenausbruch.

Der Parteivorstand nominiert am 15. Juni. Im Saal Parteichef Schmid, der Klubobmann aus Wien, auch Jörg Haider, er sei zufällig in der Nähe gewesen, sagt er. Zwei Stunden Gerede. Dann Einstimmigkeit. Jetzt ruft man, als Spitzenkandidatin, nicht Magda in den Saal, die Räuberwitwe. Sondern die Parteigeneralsekretärin aus Wien. Blonder noch als Bleckmann, bekannt aus Fernsehen und Rundfunk. Auf einem Motorrad rauscht sie in den Raum, orangefarbenes Leder am Leib, Born to be wild ab Band.

Im Moment höre ich viel Mozart, spricht Magister Magda Bleckmann, schwanger und Witwe, einem Reporter ins Gerät.

»Weiße Socken, weiße Schuhe«

RODRIGO UND MARJORIE

R osenberg starb geduscht.
Ein letztes Mal schloss er die Tür im zehnten Stock, 23. Straße A, Zone 14, Guatemala-Stadt. Er nahm den Aufzug aus falschem Marmor und fuhr ins Erdgeschoss.

Ein Sonntag.

Rosenberg trug eine kurze blaue Hose, ein blaues Leibchen, weiße Socken, weiße Schuhe, seine Sonnenbrille. Er roch nach Seife. Rodrigo Rosenberg grüßte den Wächter vor dem Haus, stieg auf sein Fahrrad und fuhr los, vorbei an der All American Logistics S.A., vorbei an jungen Palmen und einer Kamera, 8 Uhr am 10. Mai 2009, dunstig. Am Ende der 23. hielt er nach Osten, bog in die 22. und setzte sich, dreihundert Meter neben seiner Wohnung, am Rand der Avenida de las Américas ins Gras.

Bougainvilleen blühten.

Rodrigo Rosenberg Marzano, neunundvierzig Jahre alt, Professor, Rechtsanwalt, Politiker, trug Stöpsel in den Ohren und hörte Musik, als fünf Kugeln ihn trafen, neun Millimeter, drei in den Kopf, eine in den Hals, eine in die Brust.

Es war Muttertag.

Jetzt steht ein hohes dunkles Kreuz an der Avenida de las Américas in Guatemala-Stadt. Nelken leuchten. Und daneben, auf schwarzem löchrigen Plastik, ist zu lesen:

Rodrigo Rosenberg. Held der guten Guatemalteken. No moriste en vano. Du starbst nicht umsonst.

Eine Kerze brennt.

Das Gewissen Zehntausender habe er geweckt, lobt sein Halbbruder, Eduardo Rodas Marzano, und weint am Edelholztisch.

Was auch immer er tat, flüstert der Bruder, Rodrigo tat es aus Liebe.

Rodas schnäuzt in helles Tuch und schweigt.

Rodrigo Rosenberg, geboren am 28. November 1960, war der einzige gemeinsame Spross seiner Eltern. Die Mutter, sehr reich und sehr schön, eine Italienerin, die sich auf Juwelen und Literatur verstand, hatte zwei Kinder in die Ehe gebracht, Rosenbergs Vater fünf. Der Vater, ein Kinobesitzer, stammte von deutschen Juden ab, er war selten zu Hause, und war er es doch, schwieg er, als ginge die Welt ihn nichts an.

Eine kurze Ehe, spricht der Bruder in sein kühles Büro, PF & F, Puntos Frios y Financieros de Centroamérica S.A., Westturm, elftes Stockwerk, Orchideen auf dem Sims, Bonsai und vielerlei Kunst, Glas nach allen Seiten.

Rodrigo sei ein guter Schüler gewesen, schnell, laut, aufmerksam.

Er besuchte das private katholische Liceo Guatemala, liebte die Musik von Carlos Santana, die Raserei der Formel 1 und das lange schwarze Haar seiner Mutter. Wärst du nicht Mama, sagte er, würde ich dich heiraten. Zweimal im Jahr reiste man nach Mexiko, Business Class, und schwamm im Pazifik. Dem Gymnasium entkommen, fuhr Rosenberg im roten Toyota Celica, Mamas Geschenk, zur Privatuniversität Rafael Landívar und wurde, was sie sich wünschte, Jurist. Die Professoren priesen seinen Fleiß, die Mädchen seine Anmut. Heirat 1984.

Rosenbergs Frau hieß wie seine Mutter, Rosa Maria und hatte langes schwarzes Haar.

Professor Rodrigo Rosenberg Marzano, den rechten Arm abgedreht, lag an der Avenida de las Américas, 22. Straße, Zone 14, rücklings, das Fahrrad zu seinen Füßen, 10. Mai 2009, 8.10 Uhr: ein Mord von Tausenden, die alljährlich in Guatemala geschehen, vor anderthalb Jahrzehnten erst dem Bürgerkrieg entwachsen. Nur zwei Prozent der Verbrechen, manchmal drei, werden aufgeklärt.

Die Polizei, wie immer, kam mit Krach und sammelte Hülsen, fotografierte und brachte die Leiche zur Autopsie. Rosenberg war von rechts hinten erschossen worden. Nur die erste Kugel, als hätte das Opfer seinem Mörder sich noch zugewandt, traf Rosenberg ins Gesicht, Schmauchfläche 8 × 3 cm, Verbrennung 3 × 0,5.

Rodrigo sei wohl sein bester Freund gewesen, sagt Luis Alberto Mendizábal Barrutia und spielt mit den Handys, die vor ihm liegen.

Ein Romantiker, ein Ritter der Gerechtigkeit, klagt Mendizábal, weißes Haar, weißes Hemd, darin ein Stift der Firma Montblanc, Typ Meisterstück.

Rodrigos Chauffeur habe ihn angerufen an jenem elenden Sonntagmorgen vor bald einem Jahr, als Rodrigo starb, und ihm Folgendes hinterbracht, wörtlich: Don Luis, heute kurz vor acht schellte mein Telefon. Es war Rodrigo. Es sei ein großer Tag, Muttertag, deshalb breche er jetzt zu einer Fahrradtour auf. Doch falls ihm etwas zustoße, möchte er, sein Chauffeur, sofort ihn anrufen, Don Luis.

Und?, fragte Luis Mendizábal, Verkäufer von Hemden, Krawatten und Anzügen, Boutique Emilio in der noblen Zone 10, auch Sicherheitsberater so mancher guatemaltekischen Regierung, Vertrauter von Generälen, ein Tänzer in Zeiten des Chaos, das Guatemala durchmisst.

Rodrigo ist tot.

Frisch verheiratet, 1985, war Rosenberg mit seiner Frau nach Cambridge, England, zur Fortbildung gezogen, Master of Arts in International Law and Comparative Law. Rosa Maria gebar einen Sohn. Rosenberg, ehrgeizig genug, reiste weiter nach Harvard, Massachusetts, Vereinigte Staaten von Amerika, holte sich einen weiteren Titel. Doch dann rief die Mutter nach Hause. Rosenberg gehorchte, gründete mit anderen eine Kanzlei, Spezialfach Unternehmensrecht, versah sein Büro mit Tropenholz und neuesten Rechnern, Edificio Geminis 10, hängte seine zwei Diplome, Cambridge und Harvard, über das Bild von Mama. 1989 eine Tochter.

Schließlich ernannte ihn die Privatuniversität Rafael Landívar zum Professor. Rosenberg, die Lautsprecher aufgedreht, fuhr im Sportwagen vor, stellte sich neben die Studenten, schrieb seinen Namen an die Tafel und sprach: Und noch ein Wort an die Damen hier im Saal. Machen Sie sich keine Hoffnung. Ich bin verheiratet.

Doch Rosa Maria Paiz Toriello, von ihrer Ehe enttäuscht, liebte längst einen anderen. Scheidung 1997.

Rosa Maria Marzano, die Mutter, tröstete: Söhnchen, du bist zu gut für diese Welt.

Rosenberg, einer der erfolgreichsten Wirtschaftsanwälte des Landes, nun stellvertretender Dekan einer juristischen Fakultät, Präsident der Schlichtungsstelle der guatemaltekischen Handelskammer, nahm sich Alejandra Margarita de Angoitia Noriega zur Frau, langes schwarzes Haar, die Schwester des stellvertretenden Direktors von Televisa, des größten mexikanischen Medienkonzerns.

Zwei Kinder.

Dann, 2003, kandidierte Rodrigo Rosenberg Marzano auf der Liste des Movimiento Reformador MR, Teil der wirtschaftsnahen Gran Alianza Nacional GANA, für den Stadtrat von Guatemala-Stadt, ohne Erfolg. Mama tröstete mit Rosen und zwei Gutscheinen für eine Kreuzfahrt in der Karibik, Disney Cruise Line.

Immer öfter brachte Rosenberg seine Kinder zum Schulbus an der Avenida de las Américas.

Ich mach das schon, sagte seine Frau.

Aber ich tu das gern, widerstand Rosenberg.

Ich raste zum Tatort. Fand nur noch Blut, lärmt sein bester Freund, Luis Mendizábal, ins Zwielicht der Boutique Emilio, 16. Straße 3–13, Zone 10.

Schnell schlägt er die Füße unter den Stuhl, dass die Sohlen quietschen.

Der Trauerzug, an der Spitze der Wagen mit Rosenbergs Leiche, dann einer mit Blumen und Kränzen, schließlich die Autos der Hinterbliebenen, alle mit eingeschaltetem Warnlicht, bewegte sich westwärts durch Guatemala-Stadt, Montag, 11. Mai 2009, früher Nachmittag. Er querte die Zone 8, befuhr die breite Calzada Roosevelt bis hinaus in den Vorort Mixco, wo der teure Friedhof Las Flores liegt, nichts als Rasen, darauf, in Messing gegossen, die Namen der Verstorbenen, die hier liegen, zahme Pfauen schlagen das Rad.

Rosenbergs Sohn aus erster Ehe, Student der Rechtswissenschaft, stellte sich neben den Sarg und sagte laut, sein geliebter Vater habe ihm einst erzählt, wie er begraben werden wolle, und daran möchte er sich heute halten. Dann setzte er sich in den Chevrolet Camaro Z28 des Toten, gab Gas, dass der Motor heulte, 310 PS, fuhr das Auto zum offenen Grab, 95 A, drehte die Lautsprecher voll auf, Samba Pa Ti von Carlos Santana, und gab den Totengräbern ein Zeichen.

Langsam versank Rodrigo Rosenberg in der Erde.

Er tat es aus Liebe, sagt der Bruder und wischt sich die Tränen weg.

Rodrigo war verliebt in die Liebe.

Endlich trat Luis Mendizábal aus der Menge und holte aus, Rodrigo Rosenberg sei sein bester Freund gewesen, also erfülle er dessen Wunsch und überreiche allen, die sich dafür interessierten, Rodrigos Vermächtnis, eine Rede auf DVD, 150 Kopien.

Drei Stunden später, am frühen Abend des 11. Mai 2009, unterbrachen die Sender des Landes ihre Programme.

Mi nombre, sprach Rodrigo Rosenberg vor blauem Tuch, weißes Hemd, dunkler Anzug, mein Name ist Rodrigo Rosenberg, und wenn Sie diese Botschaft sehen, dann leider deshalb, weil ich ermordet wurde.

Seine Mörder, redete Rosenberg in ein rotes Mikrofon, seien der Präsident der Republik Guatemala, Álvaro Colom, dessen Ehefrau Sandra Torres de Colom, auch dessen Privatsekretär Gustavo Alejos und andere.

Ich war, sprach Rosenberg mit ruhiger fester Stimme, ein Guatemalteke von neunundvierzig Jahren. Ich hatte vier göttliche Kinder. Ich hatte den besten Bruder, den man sich denken kann. Großartige Freunde hatte ich. Und das unbändige Verlangen, in meinem Land zu leben. Dieses Vermächtnis hinterließ ich für den Fall, dass mir etwas zustößt. Was nun leider geschah.

Achtzehn Minuten und sechzehn Sekunden lang legte Rosenberg aus, weshalb der Staatspräsident und seine Gehilfen ihn ums Leben gebracht hätten: weil er, Rodrigo Rosenberg, zu viel erfahren habe über das feige, korrupte, mörderische Gebaren dieser Regierung.

Und wiederum eine halbe Stunde später stand die Rede im weltweiten Netz.

Álvaro Colom, Sozialdemokrat, Staatspräsident seit 16

Monaten, verachtet von den Reichsten, geliebt von den Ärmsten, scharte seine Minister um sich, rief eine Kamera und schwor: Was Herr Rosenberg sagt, macht keinen Sinn. Ich bin kein Mörder und kein Dealer. Nur tot bringt man mich aus meinem Amt.

Er bitte, näselte er, die CICIG, die Kommission der Vereinten Nationen gegen die Straflosigkeit in Guatemala, den Fall sofort zu klären, selbst die Hilfe des US-amerikanischen FBI sei ihm sehr willkommen.

Rosenbergs Frau Alejandra hatte sich oft gewundert, dass er ihre zwei Knaben immer häufiger zum Schulbus brachte.

Weil ich es gern mache, deshalb, beruhigte Rosenberg.

Aber auch Marjorie Musa, vier Stockwerke höher, Edificio Premier Las Américas, 23. Straße A, brachte ihre Kinder zum Schulbus. Sie war, wie Rosenberg, verheiratet, Tochter von Khalil Musa, einem Libanesen, der Jahrzehnte zuvor nach Guatemala gekommen und reich geworden war, Kaffee, Textilien.

Dass Rodrigo eine Geliebte hatte, erfuhr ich drei Wochen vor seinem Tod, sagt der Halbbruder und lächelt fein.

Wir hatten kaum Geheimnisse, sagt der Freund, aber den Namen seiner Geliebten sprach er nie aus.

Rosenberg schickte ihr Rosen. Rosenberg schickte Schokolade. Marjorie, sechs Jahre jünger als er, Chemikerin, Spezialfach Textilfärbung, wich aus, monatelang, Rodrigo Rosenberg verlor an Gewicht.

Endlich der erste Kuss, 5. Mai 2006, irgendwo.

Rosenberg schenkte Marjorie Musa ein Handy, 52032471, rief an, schrieb Botschaften, zehn am Tag, zwanzig: Buenos días, MI PRINCESITA DIVINA. TE AMO TE AMO TE AMO TE AMO. Nichts anderes begehre ich für den Rest meines Lebens, als neben dir zu erwachen, mein göttliches Prinzesschen.

Es war, als liebte er zum ersten Mal, knurrt sein Freund, Luis Mendizábal, Herrenbekleidung, Sicherheitsberatung.

Nun erst verstehe er, sagt der Bruder, Eduardo Rodas Marzano, parfümierter Direktor von Puntos Frios y Financieros de Centroamérica S.A., weshalb Rosenberg in seinen letzten Jahren, obwohl die zweite Ehe bereits am Scheitern gewesen sei, glücklicher gewirkt habe als je zuvor.

Mama wurde krank, Krebs, die Bauchspeicheldrüse. Die Ärzte gaben ihr, wenn überhaupt, noch ein halbes Jahr. Rosenberg begleitete sie in die Vereinigten Staaten von Amerika zur Chemotherapie. Rosenberg saß an ihrem Bett, hielt ihr die Hand, wusch ihr langes graues Haar und weinte. Manchmal las er ihr aus einem Buch vor, erzählte erfundene Geschichten, bis sie lachte.

Seine Liebe zu Mama war bedingungslos, haucht der Bruder und dreht sich zu den Fotos im Gestell, Rodrigo, Mutter Rosa Maria, die Brüder, Kinder, Nichten, Neffen.

Weißt du noch, Mama, dass ich dich heiraten wollte?

Rosenberg brachte seine Mutter zurück nach Guatemala und harrte aus an ihrem Bett, fütterte sie, summte Lieder, reichte ihr die Schminke. Rosa Maria verlor ihr langes Haar, Rodrigo, ihr Jüngster, schrieb: Gute Nacht, meine kleine göttliche Prinzessin. Du bist die schönste, süßeste und sinnlichste Frau auf Erden. Für diesen Segen danke ich Gott. Du weißt nicht, wie es sich anfühlt, dich zu berühren. Du weißt nicht, dass jede Berührung mich dir noch näher bringt. TE AMO TE AMO TE AMO TE AMO. MEIN LEBEN IST EIN MÄRCHEN. ICH DANKE DIR, MEINE GÖTTLICHE KLEINE PRINZESSIN. GUTE NACHT, MEINE MARJORIE ROSENBERG. ICH VER-

EHRE DICH, MEINE LIEBE. DEIN PRINZ FÜR IMMER.
P.S. ICH LIEBE DICH, MEINE LIEBE, JEDEN TAG
MEHR. SOS MI VIDA ENTERA. DU BIST MEIN GANZES
LEBEN. ICH LIEBE DICH, MEINE LIEBE. TE AMO TE
AMO TE AMO.

Hunderte zogen durch die Straßen von Guatemala-
Stadt, Tausende, dann Zehntausende, hellhäutige Studenten privater Universitäten, Kinder der guatemaltekischen Oberschicht, angestachelt von der Handelskammer,
der Industriekammer, dem Unternehmerverband, sie tru-
gen weiße Hemden und schrien gegen Präsident Colom,
nannten ihn einen Dieb und Mörder und verlangten seinen Rücktritt. Colom karrte Widerrufer in die Stadt, arme
Leute vom Land, darunter 250 Bürgermeister, die meisten
indianischer Abstammung, steckte sie in grüne Hemden
und ließ sie seine Unschuld auslärmen.

Es war Krise im Staat Guatemala, 17. Mai 2009.

Du hast eine andere, schrie Rosenbergs Frau Alejandra.

Sobald Mama tot ist, lasse ich mich scheiden, schrie Rosenberg.

So lange warte ich nicht, sagte Alejandra, nahm ihre
Söhne, sechs und neun Jahre alt, und zog nach Mexiko.

Mama Rosa Maria Marzano starb am Morgen des
16. Mai 2007 in Rosenbergs Armen. Er zitterte vor Schmerz,
aß tagelang nichts.

Als wäre eine Hälfte von Rodrigo mit ihr gestorben, sagt
der Bruder.

Zweite Scheidung 2008.

Manchmal bat Rodrigo Rosenberg die Geliebte Marjorie
Musa in seine Wohnung, 10. Stock, Premier Las Américas.
Er kaufte teuren französischen Wein, Spargel und Langus-
ten, deckte den Tisch mit farbigen Bändern und Schlau-
fen und mit den Blüten von roten Rosen, gelben Gladio-

len oder weißen Lilien. Dann, um sich beim nächsten Mal nicht zu wiederholen, fotografierte er sein Werk.

Ganze Alben habe er mit solchen Fotos gefüllt, sagt der beste Freund, zwei Handys vor sich, die ständig summen und blinken.

Ein Romantiker, schreit Luis Mendizábal und wechselt aufs blaue Sofa.

SMS von 55100115 an 52032471: GÖTTLICHE KLEINE PRINZESSIN, guten Morgen. Ich ging um 10.30 ins Bett und stand um 1 wieder auf, weil ich den Schmerz nicht ertrug, nicht bei dir zu sein. Ich war zu Tode eifersüchtig. Aber dann erreichte mich deine Botschaft. Und ich war so unendlich dankbar dafür und fand endlich ein bisschen Schlaf. ICH LIEBE DICH, MEINE MARJORIE ROSENBERG. OHNE DICH AN MEINER SEITE KANN UND WILL ICH MEIN LEBEN KEINE SEKUNDE LÄNGER LEBEN. ICH HABE DICH SO SEHR VERMISST. DU BIST MEIN. ICH BIN DEIN. WIR SIND ZWILLINGSSEELEN. ICH VEREHRE DICH. TE AMO TE AMO TE AMO TE AMO. Dein Prinz. P.S. Das Nasonex habe ich genommen, O LIEBE MEINES LEBENS.

Immer öfter, weil ihm vorkam, als sei sie noch schöner als die blonde blauäugige Fee aus einem Trickfilm von Walt Disney, nannte er Marjorie Tinker Bell.

Marjories Problem, sagt der Freund, war wohl nicht ihr Ehemann, sondern ihr Vater, dieser strenge Araber, Khalil Musa, der nicht zugelassen hätte, dass sie sich scheiden ließe.

Gute Nacht, meine göttliche kleine Prinzessin. Diese Nacht ist die 1. seit 10 Tagen, in der ich wieder glücklich schlafen kann, weil ich heute die Gnade erfuhr, dich in meinen Armen zu halten, dich zu küssen, zu lieben in Leidenschaft. Und ich will nichts anderes, als BIS ZUM

ENDE UNSERER TAGE mit dir zu sein. Du bist BUCH-
STÄBLICH MEIN GANZES LEBEN. ICH WERDE DICH
LIEBEN, JEDEN TAG MEHR, NOCH WÄHREND 1250
JAHRHUNDERTEN. ICH VEREHRE DICH MIT ALL MEI-
NER KRAFT, DU MEINE LIEBE. DEIN PRINZ FÜR IM-
MER. P.S. Nicht für eine Minute habe ich aufgehört, mich
daran zu erinnern, WIE GÖTTLICH UND GROSSARTIG
DU IN DEINEM BIKINI UND IN DEINER BLUSE AUS-
SAHST. UND NOCH GÖTTLICHER SAHST DU AUS, ALS
DU SIE ABLEGTEST. HEIRATE MICH.

Der Ständige Rat der Organisation amerikanischer Staaten OAS, besorgt um die Ruhe in Zentralamerika, sandte
seinen Generalsekretär nach Guatemala-Stadt. Der besprach sich mit Präsident Álvaro Colom, lobte dann dessen Versprechen, sich Rosenbergs Klage zu stellen. Über
Facebook und Twitter riefen Coloms Gegner zum Sturz
der Regierung auf, sie sammelten Unterschriften, 30.000,
die Handelskammer beriet den Generalstreik. Colom aber
verhüllte seinen Palast mit einem großen Plakat: In jenem
Guatemala, das wir besitzen, leben 51 Prozent in Armut,
60 Prozent auf dem Land, 23 Prozent sind Analphabeten,
50 Prozent der Kinder unter fünf Jahren leiden an chroni-
scher Unterernährung.

Rosenberg schenkte Marjorie eine Bluse. Er bat sie, diese
Bluse an einem besonderen Tag zu tragen: nur für ihn.

Am 14. April 2009, einem Dienstag, rief Rosenberg seine
Geliebte, wie er es fast jeden Morgen tat, um 6.38 Uhr ein
erstes Mal an. Er lud sie zum Abendessen ein.

Marjorie sagte, sie käme, wenn sie den Tisch mit ihm,
Rodrigo, gemeinsam decken dürfe, zum ersten Mal gemeinsam. Sie sagte auch, sie werde die neue Bluse tragen, weiß der Freund, Luis Mendizábal.

Seine letzte SMS schickte Rosenberg um 10.30 Uhr: ICH

VERMISSE DICH SO SEHR, MEINE GÖTTLICHE KLEI-
NE PRINZESSIN. UND ICH LIEBE DICH. ICH BRAU-
CHE DICH MEHR DENN JE, MEINE LIEBE. ICH VER-
EHRE DICH. DEIN PRINZ FÜR IMMER UND EWIG. OH
DU LIEBE MEINES LEBENS.

Marjorie Musa, 12.38 Uhr, saß an der Seite des Vaters
Khalil, Avenida Petapa, 35. Straße, Zone 12, sie warteten
in ihrem Wagen vor einer Ampel, als Schüsse durch die
Scheiben schlugen.

Die Polizei zählte die Hülsen.

Gegen halb zwei rief mich Rodrigo an. Luis, irgendetwas
stimmt nicht. Ich fragte: Was? Seine Geliebte gehe nicht
ans Telefon. Ich sagte: Mach dir keine Sorgen. Denn in
der Petapa steht der Verkehr still, jemand ist erschossen
worden. Was!, wer? Keine Ahnung, sagte ich. Find es heraus, find es heraus, schrie Rodrigo, vielleicht ein Mann
und eine Frau, ein Vater und seine Tochter?, Luis, find es
heraus.

Er holt Luft.

Und ich fand es heraus.

Rosenberg setzte sich in seinen Wagen und fuhr zur
Avenida Petapa, er blieb sitzen in seinem Chevrolet Camaro Z28, sah zwei Särge auf dem Asphalt.

Und dann, erzählt Luis Mendizábal, sei Rodrigo zu ihm
gekommen, habe sich hier auf dieses blaue Sofa gelegt,
nur geweint und nur geschluchzt, gezittert und gebebt,
wohl zwei Stunden lang, wortlos, drei Stunden lang.

Und endlich, ganz heiser, sagte er: Sie hatte die neue
Bluse an.

Am nächsten Morgen, als niemand ihn sah, fuhr Professor Rodrigo Rosenberg Marzano hinaus zum noblen Friedhof Las Flores und legte den Weg zu Marjories Grab, in
das sie nachmittags gelegt würde, mit roten Rosen aus.

Dort, an Marjories Grab, habe Rodrigo wohl geschworen, ihre Mörder zu finden, flüstert der Bruder am Edelholztisch, Eduardo Rodas Marzano, und faltet die Hände, als wollte er beten.

Rodrigo weinte, er werde nicht ruhen, bis er die Wahrheit kenne, wie ein Soldat im Krieg, 24 Stunden am Tag, werde er die suchen, die Marjorie töteten, sagt der Freund.

Rosenberg schlief nicht mehr, Rosenberg aß nicht mehr.

Er rief Marjories Schwester an und bat sie in seine Wohnung. Sie betrete nun, sagte er, eigentlich Marjories Heim, er zeigte ihr Marjories Kleider, die Wäsche, ihren Schmuck, die Fotos der gedeckten Tische, darauf Blätter von Rosen, Gladiolen, Lilien. Die Schwester überließ Rosenberg Marjories Handy, auf dem er sie immer angerufen hatte, 52032471.

Am 20. April 2009, sechs Tage nach dem Tod seiner Geliebten, schenkte Rodrigo Rosenberg Marzano die Brosche, die Mama ihm hinterlassen hatte, der Putzfrau.

Er bereitete seinen Abschied vor, haucht der Bruder.

In der Kanzlei Rosenberg-Marzano, Marroquín-Pemueller y Asociados S.A., 3a Avenida 12–38, Edificio El Paseo Plaza, 10. Stock, rief er Kollegen und Angestellte in den Sitzungsraum, Rosenberg, die Stimme ruhig und feierlich, teilte mit, die Sicherheitslage in Guatemala sei katastrophal, die Justiz genauso, jedermann im Land könne jederzeit überall ermordet werden.

Er fragte mich: Wozu noch leben?, weint der Bruder.

Am 21. April 2009, eine Woche nach Marjories Ende, kaufte Rosenberg auf dem Friedhof Las Flores zwei Gräber, 95A und 96A, jedes 30.000 US-Dollar teuer, eines für sich, das andere für sie.

Dann schrieb er sein Testament.

Irgendwann in diesen Tagen schellte Marjories Handy,

dessen Nummer nur Rosenberg kannte. Ein Juwelier rief an und sagte, der Ring, den eine gewisse Marjorie Musa bestellt habe, Geschenk für einen Mann zum dritten Jahrestag der ewigen Liebe, sei abholbereit. Rosenberg fuhr hin und las, ins Gold gestanzt, die Buchstaben MMR, Marjorie Musa Rosenberg. Der Ring, sagte der Juwelier, sei längst bezahlt. Rosenberg lachte, er weinte.

Danach sei er hierhergekommen, erzählt Luis Mendizábal aus dem blauen Sofa, und habe ihm den Ring gezeigt: stolz, verwirrt, zerstört.

Und irgendwann in diesen Tagen rief Rechtsprofessor Rodrigo Rosenberg Marzano die Cousins seiner ersten Frau Rosa Maria Paiz Toriello um Hilfe, die Brüder Valdes Paiz, Eigentümer mehrerer pharmazeutischer Unternehmen, die sich, weil sie so reich waren, mit Leibwächtern umgaben, ehemaligen Polizisten und Soldaten, zu mancher Tat bereit. Es gebe da etwas zu bereden, sagte Rosenberg, vielleicht aber besser nicht am Telefon.

Und langsam ging es ihm besser, sagt der Bruder.

Es ging ihm besser, sagt der Freund.

In der Nacht des 3. Mai 2009, neunzehn Tage nach Marjories Tod, traf sich Rosenberg mit einem alten Freund. Er leide, sagte Rosenberg, unter der Trennung von seinen zwei kleinen Söhnen, die nun in Mexiko lebten, unendlich. Der Freund, Rechtsanwalt und Politiker, erzählte von einem Termin beim Vizepräsidenten der Republik. Richte dem Arschloch aus, bat Rosenberg, dass ich der Anwalt der Familie Musa bin und sehr genau weiß, dass die Regierung sie ermorden ließ.

Am nächsten Morgen, Tag zwanzig nach Marjorie, scharte Rosenberg wieder die Angestellten um sich und teilte mit, seine laufenden Geschäfte übergebe er bis auf Weiteres der Kollegin Marroquín, er sei derzeit mit privaten Dingen beschlagen, die ihn vielleicht noch sein Leben kosteten.

Gegen Mittag rief der Privatsekretär des Präsidenten an, Gustavo Alejos, und fragte, wie er, Professor Rosenberg, dazu komme, die Regierung Mörder zu nennen. Rosenberg schrie: Du Hurensohn, weder du noch sonst jemand bringt mich zum Schweigen.

Rosenberg – 5. Mai 2009, der Tag, da seine Liebe zu Marjorie sich zum dritten Mal gejährt hätte – schickte seinen Chauffeur aus, zwei Handys zu kaufen, jedes an einem anderen Ort. Das erste, Nummer 57759747, erstand der Chauffeur im Einkaufszentrum La Pradera, das zweite im Geminis 10.

Am späten Abend, erzählt Luis Mendizábal, Kleiderhändler und Sicherheitsberater, rief er mich an und sagte, soeben habe ihm jemand mit dem Tod gedroht, die Nummer des Unbekannten laute 57759747. Luis, schreib das auf, 57759747.

Luis Mendizábal schlug vor, Rosenberg möge alles, was ihn bedrücke und gefährde, auf einem Video festhalten. Wenn er wolle, sagte Mendizábal, bringe er ihn mit jemandem zusammen, der von Video viel verstehe.

Am folgenden Tag, Mittwoch, überschrieb Rodrigo Rosenberg Marzano seine Anteile von Rosenberg-Marzano, Marroquín-Pemueller y Asociados S.A. den Kindern aus erster Ehe. Die Sekretärin wies er an, ein fälliges Honorar, einen Check über 40.000 US-Dollar, der in den nächsten Tagen, abgeschickt in Panama, hier eintreffen müsste, sofort den Cousins seiner ersten Frau zu senden, den Brüdern Valdes Paiz.

Drei Tage vor seinem Tod, am Abend des 7. Mai 2009, 17.56 Uhr, setzte sich Rosenberg in den Räumen eines gewissen Mario David García, Anwalt, Journalist und Politiker der Opposition, vor blaues Tuch, Avenida La Reforma 13–13. Ein großes rotes Mikrofon stand auf dem Tisch, Rosenberg, weißes Hemd, dunkler Anzug, hellblaue Krawatte, sprach ohne Manuskript, achtzehn Minuten lang und sechzehn Sekunden.

Mein Name ist Rodrigo Rosenberg, und wenn Sie diese Botschaft sehen, dann leider deshalb, weil ich ermordet wurde.

Er glaubte, was er sagte, seufzt der Bruder.

Seine Mörder seien jene, die schon Khalil und Marjorie Musa auf dem Gewissen hätten, nämlich Präsident Álvaro Colom, dessen Ehefrau Sandra Torres de Colom, auch dessen Privatsekretär Gustavo Alejos und andere. Denn Khalil Musa, vom Präsidenten vor Monaten noch in den Verwaltungsrat der Bank Banrural berufen – die erfolgreichste Bank im Land, an der der Staat Guatemala zu einem Fünftel beteiligt ist –, Khalil Musa habe sofort bemerkt, dass dort Korruption regiere, Geldwäscherei und nichts als Misswirtschaft.

Deshalb habe er sterben müssen. Und mit ihm Marjorie Musa, deren einzige Sünde es gewesen sei, eine vorbildliche Tochter zu sein, die ihren Vater treu begleitet habe.

Genug!, sprach Rosenberg mit ruhiger Stimme in die Kamera, lasst uns unser Land retten vor Dieben, Mördern und Drogenhändlern, lasst uns miteinander unser Guatemala neu erbauen, lasst uns zurückfinden zu unseren Werten und unserem Glauben an die Gerechtigkeit. Lasst uns diesen Puppenpräsidenten aus dem Amt schmeißen und ins Gefängnis stecken, zusammen mit allen anderen Dieben und Mördern.

An seiner Linken trug Rosenberg den breiten goldenen Ring, den Marjorie ihm hatte schmieden lassen, MMR.

Dann fuhr er, drei Pakete bei sich, 150 DVDs darin, zu

seinem besten Freund, Luis Mendizábal, 16. Straße 3–13, Boutique Emilio, und bat ihn, das Vermächtnis zu streuen, sollte ihm, Rosenberg, je etwas zustoßen.

Ich sah ihn zum letzten Mal.

Am Samstag, 9. Mai 2009, neunzehn Stunden vor dem Abgang, rief Rosenberg seinen Chauffeur, er fragte, ob das Fahrrad bereits repariert sei. Er rief seinen Bruder an, Eduardo Rodas Marzano, und besprach mit ihm das Wetter. Er telefonierte mit Marjories Schwester. Langsam sähe er Licht am Ende des Tunnels, morgen leiste er sich eine Fahrradtour.

Rosenberg stand früh auf an seinem letzten Tag.

Muttertag.

Er duschte.

Um 7.04 Uhr, zweieinhalb Minuten lang, und um 8 Uhr, anderthalb Minuten lang, telefonierte er mit seinen Mördern, die er, vermittelt von den Brüdern Valdes Paiz, Cousins der ersten Frau, gedungen hatte.

Der Feigling, der ihm ans Leben wolle und deshalb wegzuputzen sei, sagte er, sei heute Morgen mit dem Fahrrad unterwegs, kurze blaue Hose, blaues Leibchen, weiße Socken, weiße Schuhe, Avenida de las Américas, 22. Straße, Zone 14.

Um fünf Minuten nach acht verließ Rosenberg die Wohnung, er roch nach Seife. Dann setzte er sich ins Gras und wartete, Musik in den Ohren, Avenida de las Américas, 22. Straße.

»Und atmet aus«

Ein Mann sitzt im Edelweiß und redet wenig, Leo ist kein Schwätzer, Leo ist ein Lieber, sagt die Chefin. Und Melanie bringt ihm Bier, Leo schaut nicht auf.

Das wär doch einer, flüstert die Chefin.

Melanie G. ist zweiundzwanzig, morgens Briefträgerin in ihrem Dorf, abends Serviertochter in Flüelen, Uri, Gasthof Edelweiß.

Melanie flüstert: Wer mich will, muss auch mein Kind wollen.

Leo W., Heizungs- und Sanitärinstallateur, fünfundzwanzig, Oberturner im Turnverein, hat noch nie mit einer Frau geschlafen.

Du bist doch die Melanie, sagt er.

Ja.

Bei euch zu Hause baute ich vor Jahren das Bad, sagt er.

Sie könne sich an ihn nicht erinnern, sagt Melanie.

Aber umgekehrt.

Sie lachen.

Melanie G. hat langes dunkles Haar, ein schwereloses Gesicht. Nun kommt er, wenn sie im Edelweiß ist, Abend für Abend und sieht ihr bei der Arbeit zu.

Leo ist ein Lieber, kein Plagöri.

Aber ich habe ein Kind, sagt sie, Anna, zwei Jahre alt.

Macht nichts, sagt Leo.

Er stellt sie seinen Eltern vor, sie bringt ihn ins Haus der Mutter, Gotthardstraße 133, das Postamt, es ist Sommer 2002, tausend Menschen leben im Dorf, Bauern, Handwerker, Arbeiter, das Tal ist eng und flach, belegt mit Straßen und Geleisen, schon Melanies Großvater machte hier die Post.

An schönen Tagen setzen sie sich auf Leos Motorrad und fahren auf den Klausenpass, er vorn, sie hinten, Melanie denkt, wie kann man nur so glücklich sein?

Wie lustig er mit Anna ist, lobt die Mutter.

Ich glaube, sagt Melanie, irgendwann will ich ein Kind von dir, Familie.

Einverstanden, sagt Leo.

In der Nacht des Schmutzigen Donnerstag, am 27. Februar 2003, ist es so weit.

Leo haucht: Wenn das Kind nur keine roten Haare hat.

Seit Jahren färbt Leo W. seine roten Haare schwarz.

Melanie G. wechselt vom Edelweiß in Flüelen nach Amsteg in die Kantine der Neuen Eisenbahnalpentransversale NEAT, bedient Tunnelbauer, Chauffeure, Geologen.

Am 9. März 2003, Leos Geburtstag, begleitet sie ihn nach Flüelen zur Generalversammlung des Turnvereins, man isst, man trinkt, lacht, lärmt, dann steht Leo auf, steigt auf die Bühne der Schützenstube und stellt sich ans Mikrofon, er bittet um Ruhe und ruft Melanie zu sich, Leo sagt, niemanden liebe er mehr als sie, Melanie G., willst du meine Frau werden?

Melanie weint, die Wirtin fotografiert, Leo trägt eine Krawatte, eine helle wollene Mütze, im linken Ohr einen Ring, seine Hände sind doppelt so groß wie ihre, Melanie, die Augen rot, umfängt seinen Nacken.

Leo W. zieht ins Dorf von Melanie, zu ihrer Tochter und ihrer Mutter, die Post steht zwischen Eisenbahn und Gotthardstraße, ein Sitzplatz hinter dem Haus, ein Kaninchenstall, der Gartengrill.

Leo, wenn er abends von der Arbeit kommt, sagt: Heute fiel mir die Zange aus der Hand.

Sie streichelt sein Gesicht: Du arbeitest zu viel.

Sie setzen die Hochzeit fest, 19. September 2003.

Heute war mir schwindelig, sagt Leo, heute sah ich doppelt.

Was doppelt?, fragt Melanie, wenn sie abends auf dem Sofa sitzen und fernsehen.

Verschwommen, antwortet er.

Du musst zum Arzt, bittet Melanie.

Das geht vorbei, sagt Leo.

Manchmal streichelt er ihren Bauch, legt seinen Kopf darauf und horcht. Melanie ahnt, ihr Kind wird männlich, sie möchte, dass es Max heißt, er Manuel.

Er möchte, dass sie ihr Schamhaar rasiert.

Im Juli 2003, Samstag, ist Polterabend in Flüelen. Leos Kollegen, die meisten Handwerker, stellen eine alte Badewanne auf Räder, setzen Leo hinein und fesseln ihn mit Kabelbinden aus Plastik, ziehen das Fahrzeug von Restaurant zu Restaurant, betrinken sich, füllen Leo, der nicht aus der Wanne kann, mit Bier, Leo lacht, weil alle lachen, er möchte zur Toilette, sie lassen ihn nicht, er bettelt, und als sie ihn befreien, kann Leo kaum gehen, das rechte Bein lahmt, knickt ein, Leo schwankt, hält sich an Tischen und Wänden.

Geh zum Arzt, sagt sie.

Melanie G. kauft ein Brautkleid, weiß und schleierlos. Sie drucken eine Hochzeitskarte, ihre Gesichter darauf und ihre Hände, Melanies Finger verschränkt in seinen,

Miär nämed z'Läbe gmeinsam i d'Händ, Wir nehmen das Leben gemeinsam in die Hände.

Sie reservieren den Saal im Restaurant Bahnhof, Leo bestellt einen Priester, Melanie, einverstanden, hält wenig von der Kirche.

Ende August 2003, an einem frühen Sonntagnachmittag, als Melanie im Wohnzimmer sitzt, ihre Mutter und ihr Kind schlafen, brennt in der Küche der Fenstervorhang. Leo füllt einen Topf mit Wasser und löscht den Brand, vielleicht ein Kurzschluss. Eine halbe Stunde später brennt der Abfall im Eimer, Leo schreit und löscht. Dann brennt ein Kleiderkasten, Leo löscht. Man ruft den Elektriker. Der entdeckt nur Gewöhnliches und holt die Polizei.

Mit deinem Leo, flüstert der Elektriker, stimmt etwas nicht.

Was soll mit ihm nicht stimmen?, fragt Melanie.

Dein Leo sitzt im Wohnzimmer und heult und zittert, sagt er.

Leo, fragt der Polizist, hast du die Brände gelegt?

Ich war es nicht, mein Ehrenwort.

Nur du kommst in Frage.

Ehrenwort, ich war es nicht, es war ein anderer, sagt Leo W.

Wer?

Melanie, sagt der Polizist, als er mit ihr allein ist, Melanie, überleg dir gut, wen du heiratest.

Meine Sache, sagt sie.

Stimmt, sagt der Polizist.

Abends gehen Melanie und Leo spazieren, sie wandern über die Felder hinüber zum Fluss, Hand in Hand, Leo stolpert und fängt sich, er sagt, er sei müde, sonst nichts.

Sie ruft den Hausarzt an, begleitet Leo nach Altdorf, 16. September 2003, drei Tage vor der Hochzeit. Der Arzt nickt und schweigt, schickt Leo noch am gleichen Tag nach Schwyz in den Computertomographen, 17 Uhr, Kantonsspital.

Am Vormittag ihrer Hochzeit, Freitag, 19. September 2003, gehen beide zum Coiffeur, er in Flüelen, sie in Erstfeld, Leo hat kaum geschlafen, Melanie denkt, wär's etwas Schlimmes, hätte der Arzt sich gemeldet. Bei einer Freundin ziehen sie ihre Hochzeitskleider an, Melanie strahlt in Weiß, Leo steht und schweigt, Melanie denkt, was ist los mit ihm? Man geht in einen Park und stellt sich vor den Brunnen, der Fotograf sagt, was zu tun ist, Leo, das Gesicht steif und müde, umfasst Melanie mit den Armen, sie dreht ihr Gesicht zu seinem, lächelt, Blumen in der Hand, weiße Nägel, was ist los mit dir?

Trauung im Zivilstandsamt, ein heißer Nachmittag im September.

In einem weißen VW Käfer verlassen Melanie und Leo das Dorf, Konservendosen hinter sich, die scheppern. Leo schweigt und quält sich aus dem Auto, die kleine Anna, die Mutter, seine Eltern, Verwandte, Freunde, Turner warten vor der Kapelle der Vierzehn Nothelfer, ein Pfarrer spricht.

Ja, sagt Leo W.

Ja, sagt Melanie G.

Der Kuss, das Ave Maria, Rahmschnitzel im Restaurant Bahnhof, Tanz.

Sie sieht, dass er schluckt, leer und immer wieder, sie sieht sein weißes hartes Gesicht: Bist ein Lieber.

Du auch, sagt er leise.

Am anderen Tag, Samstag, mag er nicht aufstehen, auch am Sonntag nicht, am Montag ruft der Hausarzt an und bestellt das Paar nach Altdorf, er hoffe, sagt er, sie hätten ein schönes Fest hinter sich. Er hat ein Computertomogramm auf dem Tisch, Leos Kopf, der Arzt schweigt und hustet, hält das Bild ins Licht, und Melanie ahnt, jetzt wird alles anders.

Hirnstammgliom.

Sie haben einen Tumor im Bereich des Hirnstamms, an einer blöden Stelle, wahrscheinlich nicht operierbar.

Leo sitzt und schweigt.

Melanie fragt: Wie groß?

Sieben Zentimeter lang und drei dick.

Was bedeutet das?, fragt sie.

Das wissen die Spezialisten, sagt der Arzt, die Professoren in Zürich, Sie müssen nach Zürich, morgen bereits.

Melanie und Leo W., verheiratet seit drei Tagen, verlassen den Arzt, sie halten sich an den Händen und schweigen, Melanie ruft ihre Mutter an, dann fahren sie nach Flüelen zu Leos Eltern, man sitzt am Tisch, Leo schweigt.

Leo, sag bitte du deinen Eltern, was du hast.

Man schweigt.

Ach, sagt der Vater, das wird wieder gut.

In der Gotthardstraße 133 wartet Melanies Mutter, Anna auf dem Schoß, dreijährig, Melanie sieht das Gesicht der Mutter, das ihrer Tochter, sie haben geweint.

Die Mutter sagt: Die Reisetasche liegt auf dem Bett.

Um fünf Uhr stehen sie auf, um sechs fahren sie los, Melanie am Steuer, Leo neben ihr, es ist noch dunkel, um halb acht sind sie im Universitätsspital Zürich, 23. September 2003.

Der Spezialist, sagt jemand, reise erst morgen aus Japan an.

Melanie fährt in ihr Dorf zurück, enges flaches Tal, Leo bleibt in einem weißen Bett, Kopfschmerzen, Paracetamol.

Das Gliom, sagt der Spezialist, ist nicht operabel. Wir raten zur Entfernung eines Stücks der Schädeldecke, um dem Tumor, falls er wächst, Platz zu schaffen.

Was bedeutet das?, fragt Melanie.

Der Eingriff kann gelingen oder nicht. Wenn nicht, bleibt Ihr Mann gelähmt, vielleicht stirbt er.

Vergessen Sie's, sagt Leo plötzlich, ich sterbe nicht, ich sterbe nicht.

Leo, hast du verstanden, was der Professor sagt?

Ich sterbe nicht, unmöglich!

Donnerstag, 25. September 2003, die Operation dauert vier Stunden.

Leo W. liegt auf der Intensivpflegestation, vor sich ein Brett, darauf ein Menü, Kartoffeln, Gemüse, Leos Kopf ist in weiße Binden geschlagen, er sagt: Schau, ich kann die Zehen bewegen.

Melanie streichelt Leos Hand, den Arm, bleibt zehn Minuten, streichelt.

Immer klarer spürt sie das Kind im Bauch.

Das Gliom Ihres Mannes ist niedergradig.

Was heißt das?

Von mittlerer Bösartigkeit, eher langsam wachsend.

Er wird nie mehr gesund?

Ja, sagt der Spezialist.

Alles wird gut, sagt Leos Vater.

Leo W., sechsundzwanzig Jahre alt, bleibt zwei Wochen im Universitätsspital Zürich, Melanie, dreiundzwanzig, schwanger im siebten Monat, holt ihn nach Hause, bringt ihn nach Luzern zur Rehabilitation, 13. bis 31. Oktober 2003, Kantonsspital, es regnet.

Bist ein Lieber, sagt sie.

Du auch, sagt er. Wie geht's dem Kind?

Es freut sich auf dich.

Wenn es nur keine roten Haare hat.

Ist das wichtig?

Ja, sagt er.

Am Morgen des 3. November 2003 steht das Rote Kreuz vor der Post, Leo steigt in den Wagen, lächelt und winkt, reist nach Luzern zur ersten Bestrahlung.

Fast täglich reist er nun nach Luzern zur Bestrahlung, dreißig Mal, Leo kann nachts nicht schlafen, er wandert durch die Wohnung, setzt sich in die Küche, ins Wohnzimmer, schaut Fernsehen, geht in die Küche und beginnt zu essen, Brot, Käse, Wurst, Joghurt, Tomatenpüree, manchmal, beim Mittagessen, erbricht er in den Teller.

Novalin, je zwei Tabletten morgens, mittags, abends, nachts.

Sie fragt: Warum ausgerechnet du? Warum wir?

Warum nicht?, sagt er.

Bist du nicht wütend?

Auf wen?

Sie will, dass er dabei ist, wenn sie gebärt.

Die Hebamme steckt eine Infusion, leitet die Geburt ein, Melanie W. bekommt keine Wehen, bleibt über Nacht, sie denkt, der Bub will nicht ans Licht. Am nächsten Morgen, acht Uhr, ahnt sie die Geburt, die Hebamme telefoniert mit Leo, Leo wankt und schweigt, die Schwiegermutter hilft ihm in die Jacke, bindet seine Schnürsenkel, eine Bekannte fährt ihn ins Kantonsspital Uri, 29. November 2003.

Leo W., das Gesicht weiß und alt, setzt sich im Gebärsaal auf einen Stuhl, Melanie steht neben ihm, streichelt seinen Kopf.

Bald bist du Vater.

Ja.

Freust du dich?

Schon.

Max erscheint um 11.55 Uhr, 3100 Gramm schwer und 48 cm lang, schwarzes Haar.

Leo zittert vor Freude, reist weiter zur Bestrahlung, die drittletzte, es wird Winter, Frühling.

Die Schweizerische Krebsliga schenkt Melanie und Leo W. eine Reise ins Tessin, drei Tage, Melanie, Leo zuliebe, rasiert ihr Schamhaar, Sommer.

Sie schläft jetzt nicht mehr neben ihm. Melanie W. hat Angst, im Schlaf Leos Kopf zu treffen. Sie legt sich im Wohnzimmer aufs Sofa, manchmal auf die Bank in der Küche, erwacht um fünf. Am Morgen bringt sie die Post in die Häuser des Dorfes, am Abend steht sie in der Kantine der NEAT, verdient im Monat 2250 Franken. Leo isst und schläft, erbricht in den Teller, wird schwer und dick, immer dicker, manchmal spricht er nicht mehr, knurrt nur, tagelang. Manchmal, wenn Max schläft, stellt er sich mit dem Handy neben das Kind und schreit ins Gerät. Einmal legt er das Tomatenpüree, statt in den Kühlschrank, in den Backofen.

Leo, das Tomatenpüree gehört doch nicht in den Backofen.

Das war ich nicht.

Wer denn?

Anna.

Du spinnst doch.

Leo schlägt Melanie ins Gesicht.

Leo W. zieht nach Flüelen zu seinen Eltern, kommt zwei Monate später ins Dorf zurück, Gotthardstraße 133, Herbst.

Melanie weint, sie weiß nicht weshalb, sie weint.

Am 21. September 2004 bringt sie Leo nach Leukerbad zur Erholung, drei Wochen, manchmal ruft er an, sagt, er vermisse sie sehr, die Kinder, alles.

Hoffentlich will er kein Grab hier im Kaff, denkt sie. Die Leute reden, quatschen darüber, wie oft man am Grab steht und wie lange, ob man weint oder betet, ich bin hier fehl am Platz, fehler am Platz kann man nicht sein.

In der Kantine sagt einer: So jung und so traurig.

Melanie lässt sich streicheln.

Am 12. Oktober 2004 holt sie Leo in Leukerbad ab.

Jetzt wird alles gut, sagt Leo.

Ja, sagt sie.

Leo schläft und isst und schläft, er klagt nicht. Tritt jemand ins Haus, wird er gesprächig und froh. Einmal sagt er, er bringe sich um, er hinkt in die Garage, Melanie ruft den Hausarzt. Der kommt sofort, gibt Leo eine Spritze und bringt ihn ins Haus. Manchmal setzt sich Leo auf sein Motorrad und fährt los, schwankend Richtung Gotthardpass, zu Fuß kommt er nach Hause, nass vom Schweiß, die Maschine steht irgendwo.

Sie denkt, wenn er doch, statt zu schweigen, schriee.

Eines Abends verlässt Melanie W. das Haus an der Gotthardstraße, niemand weiß, wo sie ist, Melanie vergisst sich unter den Küssen des anderen. Nach einer Woche kehrt sie zurück und sieht den Tisch, den Leo geschmückt hat, brennende Kerzen, Blumen, Fotos, Melanie im Kindergarten, Melanie mit dem Hund, Melanie auf einem Berg, Melanie Melanie Melanie, Leo will sie umarmen, Melanie flieht.

Einmal überlegt sie, die Kinder ins Auto zu laden, auf den Berg zu fahren und sich über einen Hang zu stürzen.

Anna, fünfjährig, beginnt sich zu schlagen und zu kratzen, sie schreit, will ständig duschen, sie sagt: Ich bin eine Blöde. Fährt Melanie zur Arbeit, weint das Kind: Mama, nimm mich mit, Mama.

Anna fragt: Möchtest du, dass ich tot wäre?

Sie fragt: Würdest du weinen, wenn ich tot wäre?

Leo W. geht mit den Kindern spazieren, steuert den

Kinderwagen, in dem Max liegt, gegen eine Blumenkiste. Einmal nimmt er den Hund mit und passt nicht auf, der Hund liegt überfahren im Blut. Einmal, im Einkaufszentrum von Schwyz, lässt Leo, als er auf der Rolltreppe fährt, sein Kind fallen.

Nicht meine Schuld, sagt Leo W.

Am Mittag des 9. Juni 2005, zufällig, findet Melanies Mutter ihren Schwiegersohn Leo im Wohnzimmer, er liegt auf dem Sofa, der Fernseher läuft, Anna liegt auf Leo, ihr Gesicht auf seinem, Leo stöhnt.

Sie erzählt, was sie gesehen hat, ihrer Tochter Melanie.

Anna, fragt Melanie das Kind, als sie mit ihm allein ist, Anna, was machst du mit Leo auf dem Sofa?

Nichts, schreit Anna.

Am frühen Abend, Leo in der Ergotherapie, fragt Annas Großmutter: Änneli, was ist das für ein Spiel, das ihr da auf dem Sofa spielt, der Leo und du?

Das darf ich nicht sagen.

Warum denn nicht?

Sonst muss ich sterben und Mama auch.

So, sagt die Großmutter.

Melanie ruft den Hausarzt an, es ist Freitag.

Tun Sie, als wüssten Sie von nichts, sagt der Arzt, spielen Sie Alltag, damit Ihr Mann nichts merkt, und melden Sie sich in Altdorf bei der Opferhilfestelle, möglichst bald.

Samstag, Sonntag, setzt Leo sich neben sie, steht Melanie auf.

Am Montag, 13. Juni 2005, 17.05 Uhr, teilt die Opferhilfe Schwyz/Uri im Auftrag von Melanie W. und ihrer Mutter, Gotthardstraße 133, dem Urner Verhöramt mit, man verdächtige Leo W. des sexuellen Missbrauchs von Anna und Max.

Es ist Abend, als das Telefon schellt, die Polizei. Leo sitzt

vor dem Fernseher und schläft. Die Großmutter, befiehlt
der Polizist, spaziere genau um halb acht Richtung Amsteg, so lange, bis ein Auto neben ihr halte, sie steige ein,
unterrichte den Beamten, der darin sitze, wie man am
leichtesten ins Haus komme, Melanie, zehn Minuten später, fahre mit den Kindern talabwärts, nach Seedorf, warte
dort im Seerestaurant, bis alles vorüber sei, Leos Verhaftung, sagt der Polizist, muss überraschend sein, man kann
nie wissen.

Melanie sitzt mit den Kindern im Seerestaurant und
wartet zwei Stunden lang, Max weint. Dann fährt sie nach
Hause, sieht drei gepanzerte Fahrzeuge vor der Post, Polizisten mit Gewehren, die Leo zu einem Auto führen, ge-
fesselt, sein Gesicht weiß und leer.

Melanie W. kann nicht weinen.

Sie darf nicht weinen, als sie drei Tage später ihr Kind
nach Altdorf zur Befragung bringt, Anna darf nicht wissen,
was die Reise soll.

Wohin gehen wir?

Wir besuchen eine Frau. Danach kaufen wir ein.

Eine liebe Frau?

Eine ganz liebe Frau.

Kennst du sie?

Ja, lügt Melanie.

Melanie und ihre Anwältin, eine Psychologin, der Staatsanwalt und Leos Verteidiger sitzen in einem Raum, der
Bildschirm leuchtet, zeigt Anna, fünfjährig, die im Neben-
zimmer ist und einer Fachfrau ihr Leben ausbreitet. Melanie sieht, wie Anna ihr Röckchen hebt, sie hört, wie sie
der Fremden erzählt, bei dem Spiel, das sie mit Leo gespielt habe, müsse man mit dem Finger so hineingehen
und dann so streicheln, Anna nimmt das Lineal, das vor
ihr liegt, streichelt es, wie sie jeweils Leos Schwänzchen

streichle, nimmt das Ende des Lineals in den Mund, Dädi sage dann, äs tuät guät.

Melanie weiß nicht, wie sie nach Hause kommt.

20. Juni 2005, Leo W., festgehalten in der Psychiatrischen Klinik des Kantonsspitals Luzern, sagt, es sei unmöglich, dass er an Kindern sexuelle Handlungen vorgenommen habe, rein unmöglich.

21. Juni 2005, Haftentlassungsgesuch.

Die Polizei bringt Leo nach Altdorf, setzt ihn an einen Tisch mit Melanie, Leo will sie küssen, Melanie dreht sich weg, Leo sagt, er sei es nicht gewesen, wenn jemand, dann ein anderer.

Leo sagt: Ich bin ein Lieber, alle wissen das, dass ich ein Lieber bin, sogar im Bus wissen sie es, im Restaurant Bahnhof sowieso, überall.

Er will sie küssen, sie dreht sich weg.

13. Juli 2005, Verlängerung der Untersuchungshaft.

Melanie denkt, sollen die Leute reden, sollen sie ihre Hälse drehen, leckt mich alle am Arsch, das ganze verdammte Tal.

Der Hausarzt gibt Tabletten.

Wozu?, fragt sie.

Für die Seele.

19. Juli 2005, Gesuch um Aufhebung des gemeinsamen Haushalts.

22. Juli 2005, Entlassung aus der Untersuchungshaft.

Leo W. mietet eine Wohnung in Erstfeld. Täglich kommt eine Frau der Spitex ins Haus, hilft Leo beim Waschen, beim Anziehen, beim Kochen.

Melanie fährt Anna nach Goldau zur Psychotherapie.

28. September 2005, die Anwältin schickt Melanie einen Brief, Strafuntersuchung 244/2005, die forensisch-psychiatrische Begutachtung ihres Mannes umfasse 31 Sei-

ten, es sei schwierig, diese zusammenzufassen, kurz gesagt hat Ihr Mann eine Persönlichkeitsstörung. Zusammenfallend mit der Tumorerkrankung habe dies sehr viel Stress ausgelöst, und es ist möglich, dass dies der Auslöser für sexuelle Handlungen mit den Kindern war.

Melanie bringt Anna zur Psychotherapie, jeden Mittwochnachmittag.

Manchmal weiß sie nicht, ob sie geschlafen hat.

Lexotanil, je eine Tablette morgens und mittags.

Leos Verteidiger verlangt, zur Glaubhaftigkeit von Annas Aussagen sei ein Gutachten zu erstellen.

Wieder, vier Monate nach Leos Verhaftung, 12. Oktober 2005, 15 Uhr, sitzt Anna bei einer Fachfrau und erzählt. Die Frau aus Basel versteht Annas Sprache schlecht, Z'Mami, diä tuet miär niä az Fiddlä lange, Anna versteht die Frau schlecht, die Psychologin greift zum Intelligenztest, CPM, Raven's Coloured Progressive Matrices.

Melanie denkt, schuld an allem bin ich, hätte ich nur öfter mit ihm geschlafen, hätte ich nur früher gemerkt, was hier geschieht.

Melanie bringt Max nach Erstfeld, übergibt ihn dort ihrer Schwägerin, die Schwägerin bringt das Kind zu seinem Vater, bleibt bei ihm von 14 bis 18 Uhr, zweimal im Monat.

Manchmal überlegt Melanie W., die Hochzeitsfotos zu verbrennen, jedes Bild von Leo, jedes Haar, das in den Kissen noch zu finden ist.

Die Psychologin aus Basel schreibt dem Verhörrichter I des Kantons Uri, 6. März 2006, eine Verwertung von Annas Aussagen als wesentliche Grundlage eines Strafverfahrens könne aus aussagepsychologischer Sicht nicht empfohlen werden, denn es ist möglich, dass einzelne Aussageinhalte auf suggestive Interventionen hin erfolgt sein könnten, es ist offensichtlich, dass das Kind nicht auf eigene

Erinnerungsbilder einer Ejakulation zurückgreifen kann, sondern lediglich auf Vorstellungen von einem Geschehen, das es nicht selbst real wahrgenommen hat, einigen Aussageelementen mangelt es an logischer Stimmigkeit, gesamthaft ist die Aussagequalität als ungenügend zu beurteilen, und außerdem ist denkbar, dass die Diagnose eines Hirntumors und die Erfahrung, dass der Beschuldigte seltsame Handlungen, zum Beispiel Tomatenpüree im Backofen, begangen und Gedächtnislücken gezeigt zu haben scheint, bei der Frau und der Schwiegermutter des Beschuldigten eine grundlegende Verunsicherung ausgelöst haben könnte – auf dem Boden einer solchen Unsicherheit wäre dann zu erklären, dass sich bei ihnen, Frau und Schwiegermutter, die Palette, was man dem Angeschuldigten zutrauen könnte, sehr erweitert haben könnte.

Manchmal, allein in der Küche, schreit sie: So ein Idiot! So ein Arschloch!

Melanie verlangt ein Gutachten über das Gutachten.

Der Verhörrichter lehnt ab.

Melanie rekurriert.

Der Landgerichtspräsident lehnt ab.

Ich will kein Ketchup an meinem Schwänzchen, sagt Max.

Du hast doch kein Ketchup an deinem Schwänzchen, sagt Melanie.

Aber Dädi strich Ketchup an mein Schwänzchen, sagt Max.

Melanie isst nicht mehr, und isst sie doch, setzt sie sich auf ein Gerät im Schlafzimmer und strampelt eine Stunde lang. Nachts, wenn sie von der Arbeit nach Hause will, hat sie Angst vor Männern, überall lauern Männer.

Manchmal geht sie mit hoch, wenn sie Max zu Leo bringt, sein Gesicht ist aufgeschwemmt, Leo kann kaum gehen, er lallt, schluckt leer, Leo setzt sich zu Max auf den Boden und spielt mit ihm, redet, als wäre er ein Kind.

Sie fragt: Wie geht's?

Am 7. November 2006, Dienstag, stellt die Staatsanwaltschaft I des Kantons Uri das Strafverfahren gegen Leo W., geboren am 9. März 1977, ein, es bestünden erhebliche Zweifel daran, dass der Angeschuldigte Anna und Max sexuell missbraucht habe, in dubio pro reo, Dossier-Nummer 01 06 1256.

Melanie W. verbrennt den Hochzeitsfilm.

Wir legen Berufung ein, sagt die Anwältin.

Nein, sagt Melanie W., es ist genug.

Ich verstehe Sie nicht.

Es ist genug. Leo wird sterben, sagt Melanie W.

Es ist Sommer, Herbst, Winter, Melanie bringt Anna zur Psychotherapie, schließlich auch Max, Max sagt, er hasse sein Schwänzchen, irgendwann schneide er es ab.

Du bist ein Bub, sagt Melanie, darfst stolz sein auf dein Schwänzchen.

Die Schwägerin teilt mit, Leo liege wieder im Spital, Leo gehe es ständig schlechter, Chemotherapie.

Melanie besucht Leo im Kantonsspital Uri, Sommer 2007, Leo lallt, sie setzt sich an sein Bett.

Ich kann nicht vergessen, sagt sie, was du getan hast.

Er will schlafen.

Leo W. zieht wieder in seine Wohnung in Erstfeld. Eine Frau der Spitex umsorgt ihn täglich. Melanie bringt Max zu Besuch und bleibt, sie fährt, wenn sie Zeit hat, Leo zur Physiotherapie, zur Ergotherapie, hilft ihm in Kleider und Rollstuhl, holt ihn ab, bringt ihn zurück.

Sie fragt: Wäre es nicht besser, du würdest zugeben, was du getan hast?

Gar nichts habe ich getan, ich bin ein Lieber.

Manchmal schickt er Melanie eine SMS: Muss Therapie. Ein Uhr abholen. Leo.

Er kann nicht mehr gehen.

An einem Abend im Dezember 2007 bringt Melanie W. ihren Sohn, vierjährig, zu seinem Vater, es ist dunkel, die Tür nicht verschlossen, Leo liegt am Boden, rücklings aus dem Rollstuhl gekippt. Melanie ist zu schwach, Leo aufzurichten, hundert Kilo, sie ruft den Nachbarn, der Nachbar sagt: Das vierte Mal heute, dass er aus dem Rollstuhl fällt.

Leo lallt: Hol ein Blatt Papier, hol einen Stift.

Das ist, sagt Leo.

Melanie wartet, Leo schluckt laut und leer, er weint.

Das ist mein Testament, sagt er, schreib auf.

Was er besitze, gehöre, wenn er tot sei, seinem Sohn Max, sagt Leo leise.

Meine Katze Noldi soll zu meinen Eltern, ich bitte sie, für Noldi zu sorgen bis an deren Ende. Meine Leiche soll verbrannt werden, meine Asche verstreut auf einem Berg, dessen Namen nur meine Frau Melanie W. kennt. Die Abdankungsfeier soll gehalten werden von dem Pfarrer, der mich mit Melanie W. verheiratet hat. Ich wünsche, dass dabei folgende Lieder gespielt werden, November Rain von Guns N' Roses, Ein Stern von DJ Ötzi, Abschied von Baschi, das Ave Maria.

Melanie sitzt neben Leo und versucht, ihn zu verstehen, sie schreibt auf, was er lallt und stöhnt, sie weint, er schluchzt, am Boden sitzt Max und schaut nicht auf, anderthalb Stunden lang.

Ich wünsche eine Todesanzeige mit einem Foto von mir. Ich will nicht, dass ein Leichenessen stattfindet. Ich halte fest, dass ich, was Max und Anna angeht, die Wahrheit gesagt habe. Ich liebe Melanie, Max und Anna nach wie vor.

14. Dezember 2007, erneute Einlieferung ins Kantons-spital Uri, Zimmer 204.

Leo schickt Melanie eine SMS: Komm.

Sie fährt zu ihm, fährt jetzt jeden Tag, mittags oder abends, setzt sich neben ihn und hält seine Hand, Leo hustet, Schleim bricht aus ihm, er kann die Arme kaum heben, Melanie füttert ihn, eine halbe Stunde für vier Löf-fel Brei. Einmal, als sie zu ihm kommt, sind Leos Eltern dort, Leo sagt: Geht!

Die Eltern bleiben.

Verschwindet!, sagt er, ich will mit ihr sein.

Sie füttert und streichelt.

Er hustet grauen Schleim.

Manchmal nimmt sie Max mit, den Vierjährigen, Anna sagt: Ich will auch. Vor dem Spital bleibt sie stehen: Ich will nicht.

An Weihnachten stellt Melanie ein Krippchen ins Zim-mer 204. Sie schenkt Leo einen Trainingsanzug, Adidas, schwarz, XL.

Den möchte ich tragen, wenn ich tot bin, sagt er.

Ja, sagt sie, das machen wir.

Und darunter, sagt er, das rosarote T-Shirt.

Versprochen, sagt sie.

Melanie erzählt vom plötzlichen Tod eines gemeinsamen Freundes, Genickbruch, Leo sagt, er wolle zur Beerdigung.

Das geht nicht, Leo, das kannst du nicht.

Ich will zu seiner Beerdigung, sagt er.

Das geht nicht, schau dich an, Leo, du kannst nicht ge-hen, kaum atmen, du bist krank.

Aber ich will, verdammt noch mal, ich will, schreit Leo W.

Endlich, sagt Melanie W., bist du wütend, so wütend, wie du längst hättest werden müssen.

Sie küsst ihn auf die Stirn.

Möchtest du, dass ich dir das Haar färbe?

Am 22. Januar 2008, Dienstag, fragt Leo W. den Arzt: Wie lange noch?

Das kann ich nicht sagen, sagt der Arzt. Wenn Sie aufhören zu trinken und zu essen, dann geht es schnell.

Leo hört zu trinken auf, zu essen, die Pflegerinnen netzen seine Lippen, sein Gesicht.

Melanie, haucht er, bring mir Rattengift.

Sie geht in den Flur, redet mit einer Pflegerin, die Pflegerin sagt, solange Leo sich noch habe bewegen können, hätte er sich selbst töten können.

Melanie setzt sich wieder an sein Bett: Zu spät, Leo.

Morphium, Sauerstoff, Blasenkatheter.

Am 1. Februar 2008, mittags, bittet er Melanie, sie möge ihn waschen. Sie wäscht ihm Brust, Hals und Arme, reibt Creme in seine Haut und zeigt ihm drei T-Shirts, welches soll ich dir anziehen?

Das rosarote, flüstert Leo.

Das rosarote, sagt sie.

Ich habe wohl vieles falsch gemacht, sagt er.

Sie hält seine Hand.

Ich danke dir für alles, sagt er.

Ich dir auch.

Melanie sagt: Du wirst viel Arbeit haben, da drüben, da oben, im Himmel. Du wirst auf uns aufpassen müssen. Dass es uns gutgeht. Dass Max, wenn er in der Schule ist, seine Aufgaben macht, zum Beispiel.

Leo W. heult und hustet, Melanie putzt den Schleim von seinen Lippen.

Ich möchte, dass du hier bist, wenn ich sterbe.

Es wäre mir eine Ehre, sagt sie.

Sie küsst ihn auf die Stirn, sieht den Tumor, der aus seinem Nacken dringt, mandarinengroß.

Leo W., einunddreißig, stirbt am Abend des 4. Februar 2008, seine Frau Melanie sitzt neben ihm, Zimmer 204, sie sieht, wie Leo erstickt, wie sein Gesicht blau und anders wird, sie sagt: Gute Reise, Leo.

Er will etwas sagen, kann nicht, schluckt dreimal und atmet aus.

Melanie W. bleibt eine Stunde neben ihm, vielleicht zwei, sie denkt, nun tut ihm nichts mehr weh, jetzt ist vieles gut. Sie sitzt und weiß nicht, was sie denkt, steht auf, holt den schwarzen Trainingsanzug aus dem Schrank, Adidas, und legt ihn auf Leos Bett.

Nothing lasts forever and we both know hearts can change / and it's hard to hold a candle in the cold November rain, 9. Februar 2008, 9.30 Uhr, Pfarrkirche Flüelen, die Abdankung, Guns N' Roses.

Die Anzeige für Leos Tod macht Melanie am Kühlschrank fest, auch die Dankeskarte, darauf der Vierwaldstättersee im Abendrot, Leo, lächelnd, die Sonnenbrille in der Hand. Seine Asche stellt sie auf den Sitzplatz hinter dem Haus, Gotthardstraße 133.

Manchmal, nachts im Bett, berührt Leo ihr Haar, manchmal hört sie ihn lachen.

Sobald der Schnee geschmolzen ist, trägt sie seine Asche auf den Berg.

»Meinsch es ernst?«
DORIS UND JOSEF

Sie wollte keinen Mann, nie im Leben, Männer tragen Schwanz, Männer sind Schweine, Doris wollte einen Mann, wie es keinen gibt, nicht schön musste er sein, aber lieb, und eine tiefe Stimme sollte er haben, wenn möglich. Sie schrieb in ihr Handy, SMS Chat 609, Dating & Fun: Wo bisch du treue erlicher mann maximal 30jahrig? Doris lag in ihrer Wohnung an der Poststraße 1 in Birmensdorf, sie war zwanzig und müde und schwer, das Leben scheiße, März 2007, es war so was von scheiße damals.

Josef, neben Doris, legt die Hand auf ihr Knie und sagt: Vorbei ist vorbei.

Josef schrieb zurück: Hoi Doris. 15 Jahre war Ich bei der Bahn. Bin treu und ehrlich. Erzähl Etwas Von dir.

Sie schrieb: Erzehl zuerst du.

Doris und Josef, Trauungsurkunde 3.1.2/8642744/ 6494754, sitzen im Zug der Schweizerischen Bundesbahn, zweite Klasse, in Fahrtrichtung, sonst wird mir schlecht, sagt Doris, es ist ein Mittwoch im Februar, Josef streichelt ihr Knie, vielleicht sehen wir unterwegs eine Re 4/4.

Genannt Bobo, haucht sie.

Und Josef lacht mit tiefer Stimme, krümmt sich zu Doris und küsst ihren Mund.

Sein zweitschönster Tag, denkt Josef manchmal, wenn
er neben Doris das Schweizer Flachland quert, immer am
Fenster, um nichts zu verpassen, keine Lokomotive, keinen Bahnhof, sein zweitschönster Tag, denkt er, war der
5. August 1992, ein Montag, als er, sechzehn Jahre alt, bei
den Vereinigten Huttwil-Bahnen die Lehre begann und,
schon am ersten Tag, eine Handweiche stellte, das vergisst man nicht, das vergisst man nie.

Achtzehn Monate lang war Josef, rote Backen, feuchter
Mund, Lehrling, beglückt von Schienen, Wagen, Lokomotiven, am 5. Februar 1993 drückte der Chef seine Hand
und lobte Fleiß und Einsatz, Betriebsangestellter Rangier,
Abschlussnote 4.7, am Morgen war Josef der Erste, am
Abend der Letzte, bei Sonne, Regen, Schnee, ein Bähnler
aus Leidenschaft, sich nicht zu schade, die Kotze der Besoffenen vom Bahnsteig zu putzen, zuerst im Namen der Vereinigten Huttwil-Bahnen, die irgendwann aufging in der
Regionalverkehr Mittelland Aktiengesellschaft, dann in
der großen BLS, Bern-Lötschberg-Simplon, Josef machte
jeden Wechsel mit. Schwere Güterwagen komponierte er
zu neuen Zügen, Tag nach Tag, und schob sie mit einem
Traktor von Gleis zu Gleis, einmal, am 14. November 1994,
schlug ihm eine eiserne Stange an den Kopf, Josef erwachte im Spital von Wolhusen, Commotio cerebri, Ge-
hirnerschütterung, nach zwei Wochen durfte er nach
Hause, sollte liegen und warten, Josef aber setzte sich in
die Züge und reiste durch die Schweiz, tat, was er auf allen
seinen Reisen tat, er fotografierte Lokomotiven, notierte
ihre Namen und Nummern, tausend Lokomotiven gibt es
in der Schweiz, jede habe ich schon gesehen, Ae 6/6, Re
6/6, Re 4/4, auch Bobo genannt, es gibt keinen Meter
Gleis in der Schweiz, über den ich nicht schon rollte, sagt
Josef aus glühendem Gesicht.

Er schrieb: Hoi Doris. Die hälfte des lebens war Ich bei der Bahn, dann Entlassen ohne grund, bin Allein + treu. Und du?

Doris schrieb: Bin vergwaltigt worde. Kein Fertrauen in niemand.

Doris und Josef reisen im Zug nach Bern, RegioExpress 3320, vorbei an Schüpfheim, Escholzmatt, Trubschachen, Hügel links, Hügel rechts, Bäume darauf und Höfe, das Emmental, in Bern haben wir neun Minuten Zeit, das reicht.

Neun Minuten sind eine Ewigkeit, sagt Doris und legt ihren Kopf an seine Schulter.

Angst?, fragt er.

Vielleicht sehen wir in Bern den TGV, sagt sie und reibt ihr Gesicht an Josefs Schulter, diesen Josef gibt sie nie mehr her, was für ein Glück, dass sie ihn hat, er ist so ruhig, er schreit nicht, er trinkt nicht, ganz anders als ihr Vater, der ständig schlug, wenn er besoffen war, und schlug und schlug, und Doris, zugegeben, war ja ein wildes Kind, machte viel Blödsinn, einmal, vielleicht mit vier, bohrte sie sich mit einem Handbohrer in den Fuß, es tat nicht weh, Doris wunderte sich nur, dass sie blutete.

In der Schule, Kanton Thurgau, riefen die Kinder Doris dicke dumme Sau, sie rannte nach Hause, die Mutter sagte, selber schuld, friss noch mehr. Der Vater gab den Hof auf, wurde Chauffeur, die Mutter Kellnerin, die Familie zog von Ort zu Ort, Tobel, Guntalingen, Waltalingen, nachts das Geschrei der Eltern, die Polizei im Haus, schließlich die Scheidung. Neun Jahre lang besuchte Doris eine heilpädagogische Schule, lernte kaum lesen, kaum schreiben, mit sechzehn zog sie nach Brunnadern, Kanton St. Gallen, zur Lehre, Ausbildungsstätte Auboden, wurde Hauswirtschafterin, putzte, kochte, wusch, am liebsten hätte ich mich umgebracht, hab es einmal sogar versucht.

Neunzehnjährig wechselte sie in ein Heim nach Worb, Kanton Bern, hielt es nur Monate aus, wechselte nach Wettingen, Kanton Aargau, zog dann zu ihrer älteren Schwester nach Birmensdorf, Kanton Zürich, war traurig und müde, nichts als müde, manchmal hörte sie die Stimme des Vaters. Doris stieg nicht mehr aus dem Bett, ging nicht mehr aus dem Haus, wurde stumm und schnitt sich mit Rasierklingen die Haut auf, immer häufiger begann sie zu zittern, die Augen zu rollen, Eintritt in die Epilepsieklinik am 24. November 2005, Bleulerstraße 60, die Anfallssemiologie beschreibt sich wie folgt: Mit starker Variabilität rhythmisches Blinzeln, Bulbusdeviation, Schmatzen bzw. Schluckbewegungen, gefolgt von schüttelnden, zum Teil hochfrequenten irregulären Bewegungen aller vier Extremitäten mit wechselnder, zum Teil auch gekreuzter Seitenbetonung. Während des Anfalls zeitweise ansprechbar. Die Abklärungen ergeben, dass eine epileptische Genese ausgeschlossen werden kann, Entlassung am 20. Dezember 2005.

Etwas stimmt nicht mit mir, wusste Doris.

Neun Minuten, sagt er, neun Minuten Zeit.

In Bern kaufen wir eine Banane, sagt sie.

Hallo fremde Josef: Meinsch es ernst?

Hallo fremder Josef ich kann beser reden als Schreiben. Willst du mich bsuchen?

Mit der Bahn reiste Josef nach Birmensdorf und kam, weil er unterwegs ausstieg, einen Zug zu fotografieren, den er noch nie gesehen hatte, den Neigezug Harald Szeemann, Nr. 500043-5, 21.04.05 neu ab Werk, Josef kam eine Stunde zu spät, um sieben Uhr abends statt um sechs, es war der 30. April 2007, ein warmer Montag, helles Licht,

Doris öffnete die Tür, Poststraße 1, Josef lächelte, ich bin also der Josef.

Und ich bin also die Doris.

Schön hast du es hier, sagte Josef.

Wenn du meinst!, sagte Doris.

Ich bin, log Josef – denn er wusste, dass Doris keinen wollte, der älter war als dreißig –, ich bin achtundzwanzig, in Wahrheit war er fünf Jahre älter, geboren am 5. März 1975, Bürger von Willisau und Nebikon.

Und ich werde am 4. Juli einundzwanzig, sagte Doris.

Sie setzten sich aufs Sofa, redeten und tranken Kaffee, er legte seine Hand auf ihr Knie, krümmte sich zu ihr.

Die Nacht.

Bist du enttäuscht?, fragte Doris.

Es war wunderschön, sagte Josef.

Wir haben beide blaue Augen, hauchte sie.

Und unsere Namen haben beide ein O, Joosef und Dooris.

Er sei ihr erster richtiger Mann, ihr erster wahrer guter Freund, erzählte Doris, eigentlich habe sie Angst vor Männern, denn ihr Verflossener, als sie mit dem Schluss machte vor drei Jahren, weil er eine andere hatte, der habe sie aufs Bett gedrückt, ihre Hose heruntergezogen, vergewaltigt habe er sie und dann gelärmt, so, das war mein Abschiedsgeschenk.

Was für ein Sauhund!, sagte Josef.

Ein Mann könne das vielleicht nicht verstehen, weinte Doris in Josefs Arm, wie nutzlos eine Vergewaltigte sich fühle, wie schmutzig, stundenlang habe sie geduscht und geheult, mit niemandem darüber geredet, drei Jahre lang, mit keinem, sich töten habe sie wollen, und immer dicker sei sie geworden, so dick wie sie jetzt sei, fast 150 Kilo, bin ich dir nicht zu dick, Josef?

Du bist genau richtig, sagte Josef und küsste Doris auf den Mund.

Wo wohnt dieser Sauhund?, fragte er.

In den Bergen.

Wo?

In Adelboden.

Bern, 11.26 Uhr, Josef hilft Doris in die weite blaue Jacke aus Faserpelz, neun Minuten Zeit, wir müssen zu Gleis 3.

Doris und Josef treten in die Bahnhofshalle, Ströme von Menschen, Josef nimmt Doris an der Hand und zieht sie durch die Menge, Doris schließt die Augen, öffnet sie, schließt wieder die Augen, es riecht nach Brezel.

Alles in Ordnung?, fragt er.

Sie nickt.

Dann erreichen sie Gleis 3 und nehmen den InterCity 1069, 11.35 Uhr, langsam wandern sie durch den Wagen, Doris vorn, Josef hinten, und setzen sich endlich in ein freies Abteil, er am Fenster, sie neben ihm, in Fahrtrichtung, sonst wird Doris schlecht.

Die Banane!, sagt sie.

Ach, sagt er, zu spät.

Zum Abschied schenkte Doris ihrem Josef ein Pferdchen aus Porzellan, damit du mich nicht vergisst, 1. Mai 2007, Josef fragte, ob sie ihn bald besuche, er wohne, was für ein Glück, seit zwei Jahren im Bahnhof von G. im Luzerner Hinterland am Fuß des Berges Napf, Schwellenhöhe 599,33 Meter über Meer, was für ein Glück, in einem richtigen Bahnhof zu wohnen, das hat nicht jeder.

Vergiss mich nicht, weinte Doris.

Doris schrieb: Ich geb dich nie meer her mein Josef

Sie schrieb: Seit ich dich kenne binn ich ganz liecht

Ende Mai 2007 stand Doris zum ersten Mal in Josefs Bahnhof, vier Zimmer, Bahnhofstraße 1, sie liebten sich auf Josefs breitem Bett, dann zeigte er ihr seine Alben und Fotos, tausend Lokomotiven und deren Namen und Wappen, am liebsten aber fotografiere ich Bahnunfälle, höre ich im Radio von einem Unglück, packe ich meine Warnkleider und den Fotoapparat und fahre an den Ort und ziehe meine Warnkleider an, damit die Polizei glaubt, ich gehöre zur Bergung, dann lässt man mich meine Fotos machen, ganz vorne, hier zum Beispiel, Speisewagenbrand in Aigle, Streifkollision in Dietlikon, Rangierunfall in Zell, 18.11.02, 23.15 Uhr, oder hier, Zürich−Oerlikon, 24.10.03, 17.40 Uhr, der Schnellzug Zürich−Schaffhausen stieß mit dem RegioExpress Konstanz−Zürich zusammen, ein Toter und 32 Verletzte, Re 4/4, Jahrgang 1967, Nummer 1113, zum zweiten Mal revidiert am 5.2.03.

Eigentlich könnten wir heiraten, sagte Doris.

Heiraten?

Wir haben ja nie Streit!, sagte sie.

Ja, schon, sagte Josef und wurde rot im Gesicht.

Doris, den Kopf an Josefs Schulter, gurrt, ungefähr so sei es gewesen, als sie Josef mit ihrem Antrag überraschte im Sommer vor drei Jahren, rot sei er geworden, rot wie ein Güggel, gell?

Josef sitzt am Fenster und lacht mit tiefer Stimme.

Ungefähr so, sagt er und wird rot im Gesicht.

Ich liebe dich unendlich, flüstert Doris im InterCity 1069, Ankunft in Spiez um 12.02 Uhr, Berner Oberland.

Sie beschlossen zu heiraten, Nikolaustag 2007, 6. Dezember.

Aber sie müsse ihm, sagte Doris, bevor sie heirateten, noch etwas gestehen. Sie schob ein Papier über den Tisch, sechs Seiten, eng beschrieben, Josef fragte, was das sei, sie sagte, bitte lies, damit du weißt, wer ich bin, Psychiatrische Universitätsklinik Zürich, Lenggstraße 31, Résumé

vom 30.01.2006, Rölli Doris, 04.07.1986, Freiwilliger Über-
tritt von der Epilepsieklinik Zürich bei psychogenen,
nichtepileptischen Anfällen und V. a. Persönlichkeits-
problematik mit emotional instabilen Zügen zur weiteren
psychischen Stabilisierung. Diagnose ICD-10: F 44.5 und
ICD-10: F 70.0

Was heißt das?

Dass ich in der Spinnwinde war, ein halbes Jahr lang.

Josef schwieg.

Liebst du mich immer noch?, fragte sie.

Josef stand auf, öffnete den Schrank im Wohnzimmer
und fand endlich einen Stapel Papier, er blätterte, netzte
den Finger mit Speichel, blätterte, vielleicht fünf Minuten lang.

Und ich bin, so steht es hier, ICD-10: F 43.25, sagte Josef.

Ob er also, genau wie sie, auch in einer Psychiatrie gewesen sei, fragte Doris.

Nicht direkt, sagte Josef und schob die Akte zurück in
den Schrank.

Und ich, kichert jetzt Doris kurz vor Spiez, und ich habe
ihm das damals geglaubt.

Dann hält der Zug, Josef hilft Doris in den Faserpelz,
zehn Minuten Aufenthalt, willst du nun eine Banane?

Später, sagt sie.

Es regnet in Spiez, Wind weht, Berner Oberland, hätten
wir doch den Schirm dabei.

Reg dich nicht auf.

Ich reg mich nicht auf.

Was jammerst du dann?

Ich jammere ja nicht.

Hand in Hand stehen sie neben Gleis 5 und warten auf
den Zug nach Frutigen.

Doris Rölli, 04.07.1986, Bürgerin von Aeschlen BE, und

Josef Kurmann, 05.03.1975, Bürger von Willisau LU und Nebikon LU, heirateten am 6. Dezember 2007 in Dietikon ZH, Doris' ältere Schwester und deren Karatelehrer waren Zeugen. Die Standesbeamtin sprach ihre Formel und reichte dem Brautpaar ein Gedicht, Liebe ist wie Wasser, Ohne Wasser kann man nicht leben, Ein Tropfen Wasser kann einer Blume Kraft geben, sich wieder aufzurichten, So kann ein Hauch Zärtlichkeit am Morgen den Tag zu einem Freudentag machen.

Dann gingen sie essen, Doris eine Pizza Quattro Stagioni mit Salat, Fr. 25.50, Josef eine Hawaii, Fr. 18.00, Ristorante Sapori Antichi, Birmensdorf, nur Schritte neben Doris' Wohnung.

Am nächsten Tag bereits zog Doris zu ihrem Mann Josef an den Fuß des Berges Napf, Bahnhofstraße 1, 1700 Menschen, am Eingang des Dorfes eine Spanplattenfabrik, Berge von Holz, dampfende Schlote, es gibt für mich, sagt Doris, keinen schöneren Ort.

Sie schliefen lange, setzten sich vor den Fernseher, kochten und aßen, lebten vom Geld, das der Staat ihnen schickte, eine Behindertenrente für Doris, eine Arbeitslosenrente für Josef. Oft standen sie auf dem Balkon ihres Bahnhofs und sahen den Zügen zu, Wagen voller Holz und Leim für die Fabrik am Dorfrand, manchmal brachen sie auf, egal wohin, Doris neben Josef, in Fahrtrichtung, er seine Hand auf ihrem Knie, dort drüben, ist das nicht eine Ae 6/6?

Das ist keine Ae 6/6, sagte Josef sanft, das ist eine Re 6/6. Gebaut von 1955 bis 1966, die Re 6/6 von 1975 bis 1980. Beide 120 Tonnen schwer.

Sie gingen früh schlafen und lagen wach, erzählten einander, wie es einst war, als ihre Väter, beide Trinker, zum Schlag ausholten, einmal, da war ich vielleicht siebzehn, nahm ich meinen Vater in den Schwitzkasten, ich war nun stärker als er und rang ihn nieder – und wusste dann nicht, wie weiter, was mache ich jetzt mit dem?, zudrücken, bis er erstickt, oder was?, schließlich ließ ich ihn los und rannte weg, so schnell ich konnte.

Ich habe noch ins Bett gemacht, als ich zwölf war, sagte Doris.

Liebst du mich trotzdem?

Bis Frutigen ist es nicht weit, zwölf Minuten nur, und dann nehmen wir den Bus nach Adelboden.

Aadeelbooden!, flüstert Doris mit geschlossenen Augen.

Sie schweigen, Abfahrt um 12.12 Uhr, vorbei an Mülenen und an Reichenbach, an den Hängen letzte Reste Schnee, hier, sagt Doris leise, war ich nie mehr seither.

Hast du Angst?, fragt er.

Herzklopfen, sagt sie und klammert sich an Josefs Arm.

So ein Sauhund, ein verdammter!, sagt Josef.

Irgendwann im Frühjahr 2008, am kleinen Tisch in der Küche, gurrte Doris, sie möchte ein Fest, ein Fest mit allem Drum und Dran, eine Hochzeit mit Pfaff und Sekt, sie in Weiß, Josef in Schwarz, bitte bitte bitteee.

Sie fuhren nach Beromünster zum berühmten Modehaus Wicky, Brautkleider, zweimal ließ Doris sich vermessen, zweimal kam sie zur Probe und weinte, als sie, gehüllt in reinstes weißes Tuch, sich im Spiegel sah. Und Josef holte seine Bähnleruniform aus dem Schrank, befreite sie von allen Zeichen, bürstete sie, hängte sie eine Woche lang in den Wind, ganz flott sah ich aus, gell?

Der schönste Bräutigam auf Erden, sagt Doris.

Zwei Wochen vor der Hochzeit, eines Nachts im breiten heißen Bett, begann Josef zu husten, Doris, hustete er, ich muss dir etwas sagen.

Doris erschrak.

Es sei da etwas, was er ihr schon längst hätte erzählen müssen, etwas, das ihr kaum gefalle.

Ich wurde ganz steif, sagt sie im Zug nach Frutigen, ganz steif wurde ich, als der Josef so begann.

Sie dachte, ich hätte etwas mit einer anderen, lacht Josef.

Was denn sonst, Herr Kurmann?

Mein halbes Leben, fünfzehn Jahre, war ich bei der Bahn, erzählte Josef, am Morgen der Erste, am Abend der Letzte, den Dreck der Besoffenen habe ich weggeputzt, für nichts war ich mir zu schade, mein halbes Leben lang, aber dann – dann die Kündigung, weil ich angeblich schlecht höre, ich höre alles, ich höre bestens, doch in Wahrheit haben sie mich weggespart, hau ab, du Trottel, Schluss und fertig, 30. November 2006, Donnerstag, 17 Uhr.

Josef, heiser geworden, stockte und heulte ins Kissen.

Hau ab, du Trottel!

Wochenlang stand er dann am Fenster seines Bahnhofs am Fuß des Napf, er aß kaum, schlief wenig, Josef sah hinab auf seine Züge, er drehte sich weg, stellte den Fernseher an, stellte ihn aus, er legte sich aufs Bett, stand wieder auf und ging zum Fenster und sah hinab auf seine Züge, Dezember 2006, Tag nach Tag, Weihnachten verbrachte Josef allein, er feierte nicht, wie die Jahre zuvor, bei den Eltern.

Dann der 28. Dezember 2006.

Josef, vom Vorhang halb verdeckt, stand am Fenster und zitterte – Und dachte an die fünf Kesselwagen, die er gestern, als er in seinem Auto ziellos durch die Hügel fuhr, gesehen hatte, fünf Wagen der VTG Hamburg, Vereinigte Tankwagengesellschaft, darin Leim aus Ludwigshafen, BASF, Leim für die Spanplattenfabrik, Gleis 113, achtzig Tonnen in jedem Kessel.

Ich sah hinab auf die Gleise, ich dachte, wenn die mich nicht mehr wollen, dann –

Kurz nach sieben Uhr abends verließ Josef, zweiunddreißig, verstoßen von der Bahn, die Wohnung im Bahnhof von G., Schwellenhöhe 599,33 Meter über Meer, er setzte sich in sein Auto und fuhr zur Spanplattenfabrik, wo die fünf Leimwagen standen, es war kalt und dunkel.

Aufgeregt war ich nicht, im Gegenteil.

Er stellte das Auto ab und schlich zu Gleis 113, km 19.132–19.192, löste am dritten Wagen die Handbremse, prüfte, ob alle Wagen miteinander verbunden waren, entfernte den roten Hemmschuh.

Doris lacht.

Da sei ihm plötzlich eingefallen, dass noch ein Regionalzug ausstehe, Abfahrt in G. um 19.21, Ankunft in Willisau um 19.27, also habe er gewartet, bis der passiert sei, habe dann an allen fünf Kesselwagen die Luftbehälter entleert, sei schließlich auf den ersten Wagen gestiegen, um die Handbremse zu lösen, ja, und dann begann der Zug halt zu rollen – und wurde immer schneller, 400 Tonnen Leim, ich sprang ab, rannte einige Meter neben ihm her und schrie.

Josef sah den Zug in der Nacht verschwinden, er hörte ihn sausen und lärmen – dann hörte er nichts mehr, und es ging mir gut, irgendwie, es ging mir besser als zuvor, ich zitterte nicht mehr, komisch.

Hätte er das nicht getan, wäre er jetzt krank, sagt Doris.

Sie verschränkt ihre Finger in seinen und schließt die Augen.

Hätte er das nicht getan, hätten wir uns nie gefunden, gell?

An die Überwachungskamera hatte Josef nicht gedacht.

Er stieg ins Auto, floh Richtung Willisau, wo er als Kind

gewesen war, Hügel links, Hügel rechts, und drehte auf halber Strecke, fuhr zurück. Zwei Wagen waren gekippt, drei entgleist, die Barriere zerstört, Polizisten standen neben dem Zug, ich fragte, was geschehen sei, und schaute zu, ich fragte, ob ich fotografieren dürfe, sie sagten, Josef, kein Problem, Josef, also fuhr ich nach Hause und holte den Apparat und einen Stift, ich schrieb die Nummern der Wagen auf, 33857932223-5, 33807933573-7, fotografierte bis nachts um zwei, ein Sachschaden von einer Viertelmillion, Scheißdreck!, das hatte ich nicht gewollt.

Am 9. Januar 2007 läuteten zwei Polizisten an der Tür, Josef gestand sofort und weinte, drei Wochen Untersuchungshaft, Forensisch-psychiatrische Begutachtung, 6000 Luzern 16, es präsentierte sich ein zweiunddreißigjähriger Schweizer Explorand mit leichtem Übergewicht, kurzen Haaren mit dabei hohem Haaransatz und einem runden Gesicht mit unsymmetrischen Gesichtszügen, kleinen Augen. Gegenüber dem Untersucher zeigte er sich freundlich, offen, kooperativ und durchgängig situationsadäquat. Zur Zeit der Tat lag beim Angeschuldigten eine Anpassungsstörung mit gemischter Störung von Gefühlen und Sozialverhalten vor (ICD-10: F 43.25), die seine Steuerungsfähigkeit in mittlerem Grade verminderte, woraus sich eine Verminderung der Schuldfähigkeit in mittlerem Grade ergibt.

Das versteht keine Sau, sagt Doris.

Josef hilft Doris in den Faserpelz, Frutigen, 12.27 Uhr, drei Minuten Verspätung, murrt Josef. Es schneit, Doris schlägt die Kapuze hoch, dort drüben der Bus nach Adelboden.

Mir stinkt's, sagt Doris.

Aber weshalb jetzt plötzlich?, fragt Josef.

Mir stinkt's einfach, zischt sie.

Sie steigen in den Bus Nummer 20 und setzen sich auf

die vorderste Bank, sonst wird mir schlecht. Doris verzieht das Gesicht.

Der 5. Juli 2008, ein Samstag, war heiß und feucht. Doris wallte in Weiß, Josef trug Schwarz, man sang, Nun danket alle Gott mit Herzen, Mund und Händen, der große Dinge tut an uns und allen Enden, der Pfarrer las Matthäus 13,44–46, vom Schatz und von der Perle, dann reiste man, fast zwanzig Leute, auf den Üetliberg, alle schwitzten, eigentlich, sagt Josef, sei alles abverreckt, was nur habe abverrecken können an diesem Hochzeitstag, der Zug sei überfüllt gewesen, voller Chinesen und Japser, die Doris blöd begafften, der Champagner sei warm gewesen, die Blumen welk, aber egal, das Leben geht weiter.

Fast vier Monate später, Ende September 2008, stand Josef, rote Backen, feuchter Mund, vor dem Luzerner Kriminalgericht, Doris war nicht mitgekommen, ich konnte nicht, es brach mir fast das Herz. Josef sprach leise, er sagte, er schäme sich für seine Tat, er bereue sie heftig, Josef fasste schließlich eine Strafe von fünfzehn Monaten Gefängnis, bedingt vollziehbar bei einer Probezeit von zwei Jahren, Josef Kurmann, verheiratet, z. Z. arbeitslos, Bahnhofstraße 1, G., ist der qualifizierten Sachbeschädigung nach Artikel 144, Absatz 3, des Strafgesetzbuches schuldig sowie der Störung des Eisenbahnverkehrs nach Artikel 238, Absatz 1.

Wer wollte denn nach Adelboden?, fragt Josef.

Sie schweigt.

Du wolltest doch nach Adelboden, sagt er.

Ja, schon, sagt sie, aber.

Hast du Angst?, fragt er.

Weiß nicht, sagt sie, ein bisschen.

Eines Tages standen Pfändungsbeamte in der Wohnung und nahmen Josefs Modelleisenbahn mit, 59 kleine bunte

Lokomotiven, eine schöner als die andere, Josef wälzte sich im Bett.

Hast ja noch deine Briefmarken, tröstete Doris.

Sie lagen im Bett und schwiegen und hörten das Rauschen der Züge, ein RBDe, auch NPZ genannt, klingt einfach anders als ein GTW, eine Ae 6/6 macht anders als eine Re 4/4, genannt Bobo.

Hast du einen Traum?, fragte Doris.

Arbeit!, sagte Josef. Und du?

Ein Ross!

Josef erschrak.

Ross oder Kind. Beides geht nicht!

Irgendwann schliefen sie ein, seine Hand vielleicht auf ihrer Brust, es war Herbst, vor dem Bahnhof standen Wagen voller Leim.

Ich muss nicht nach Adelboden, sagt jetzt Josef mit tiefer Stimme.

Ich auch nicht, sagt sie und reibt ihren Kopf an seiner Schulter.

»Ein Männchen so klein«
DANIEL UND YVONNE

Als sie ins Haus zurückkam, ihr Kind an der Hand, das sie mehr liebt als alles andere, den Hund an der Leine, lagen Blumen auf dem Tisch, es war Freitag, Brunnenstraße 3 in 8610 Uster, fünf Rosen, in Papier geschlagen und rot. Yvonne stellte sie in eine Vase, sie füllte die Vase mit Wasser und ging die Treppen hinauf, erster Stock, zweiter, trat ins Büro ihres Mannes, der am Computer saß, Daniel S., und sagte danke, der Mann und die Frau reichten sich die Gesichter und küssten schnell, vielleicht sagte Yvonne: Zum Nachtessen gibt es Goggoletti und Safranreis, ist das recht?

Das war am 15. Februar 2002.

Zu dritt saßen sie am Tisch und redeten wenig. Yvonne, wie immer, trug ab, füllte den Geschirrspüler, Daniel spielte mit seinem Sohn, drei Jahre alt, Lego, dann brachte er das Kind ins Bett und sang ihm ein Lied, las ihm eine Geschichte, Ein Männchen so klein, dass es Platz hat in einer Streichholzschachtel, Yvonne dachte: Nur selten bringt er den Kleinen ins Bett.

Der Mann und die Frau kennen sich, seit sie sieben sind, 1972. Drei Jahre lang saßen sie in der gleichen Klasse der Rudolf-Steiner-Schule Zürich, Plattenstraße 39. Dann zog Daniel weg, man verlor sich, bis er Anfang August 1983 im Tram Nummer 5 saß, das auf den Zürichberg fährt, und dieses Mädchen entdeckte, das aussah wie Yvonne. Yvonne aber, schön und verträumt, schaute aus dem Fenster und überlegte, wo sie aussteigen wollte, an der Susenbergstraße, wie immer, wenn sie die Werkstatt ihres Vaters besuchte, oder eine Haltestelle weiter, Zoo. Daniel beschloss: Steigt sie, wie ich, beim Zoo aus, rede ich sie an.

Wochen später lagen sie umschlungen, es war der 4. September 1983, beide siebzehn und verliebt, Lehrlinge, er Schreiner, sie Schallplattenverkäuferin. Und sahen sich dann, bis Yvonne verhaftet wurde, selten länger als drei Tage nicht.

Jetzt setzte sich Yvonne an das Bett des Sohnes, sie streichelte, küsste ihn, sie hielten sich, vielleicht fragte er, ob er am nächsten Tag in die Spielgruppe dürfe. Morgen, Kleiner, ist doch Samstag. Es war halb zehn Uhr am Abend des 15. Februar 2002, Daniel S. saß im Schlafzimmer, zweiter Stock, beiger Bademantel, er saß auf einem Sofa, und der Fernseher zeigte die Olympischen Spiele von Salt Lake City, Curling. Yvonne löste sich vom Kind und räumte die Küche auf, Erdgeschoss, setzte sich dann neben ihren Mann, der manchmal so traurig ist und außer sich, sie rauchten, wie jeden Abend, Haschisch, Yvonne fragte Daniel: Wie war es heute Nachmittag?

Er sei bei der Tante gewesen, der jüngsten Schwester seiner Mutter, die auch Daniels Patin ist, habe sich Trost geholt und Rat. Bring deiner Yvonne Blumen nach Hause, hatte die Tante gesagt, und erlaube ihr, einen Abend in der Woche außer Haus zu sein, allein und wo immer sie will.

Yvonne dachte: Soll ich mich nun freuen?

Heute weiß sie nicht, ob sie sich freute.

Seit Jahren, zum Beispiel, hatte sie ihre Mutter nicht

mehr in die Oper begleitet, aus Angst, Daniel zu verletzen, der am liebsten zu Hause blieb. Der manchmal, immer häufiger, weinte: Wer den anderen wirklich liebt, braucht keine Oper. Wer ohne Partner ausgeht, stellt sein Wohl über die Beziehung, ist doch logisch. Und traf Yvonne ihre Mutter einmal doch, sah sie ständig auf die Uhr, dachte an Daniel, der allein zu Hause lag, verlassen von der Welt Yvonne. Ein halbes Jahr erst waren sie ein Paar gewesen, Ende 1983, beide achtzehn, als Daniel den Satz sprach: Ich oder deine Familie. Yvonne zog zu Daniel, Daniel hatte Pläne, Daniel redete lange kluge Sätze, und sonntags lud er Yvonne auf sein Motorrad, Daniel vorn, Yvonne hinten, die Liebe im Wald, ein Rausch. Jedes Wochenende setzte Yvonne sich in den Zug und fuhr nach Paris, wo Daniel blieb, vier Wochen lang, um in Frankreich, was in der Schweiz so schnell nicht möglich war, die Prüfung für schwere Motorräder zu bestehen. Yvonne erzählte ihm, mit einem Kollegen geschlafen zu haben, blöd. Daniel S. weinte, hielt zwei Jahre später Gegenrecht, konnte trotzdem nicht verzeihen, er ist, sagt Yvonne, darüber nie hinweggekommen. Im Mai 1985 zogen Daniel und Yvonne nach Schwamendingen an die Dübendorferstraße 34, sie lebten in zwei Zimmern, zogen nach Bülach, drei Zimmer, sonntags fuhren sie aus, Yvonne endlich auf der eigenen Kawasaki, die einzige Frau im Männertross, Daniel führte an, Daniel, der als Bub schon Verstärker und Lautsprecher baute, jeden Computer beherrschte, Daniel und Yvonne, ein Zelt im Gepäck, nahmen die Schweizer Alpen, die französischen Alpen, Eric Clapton, Phil Collins, ZZ Top, aber manchmal, vielleicht dreimal im Jahr, begann Daniel zu weinen, Daniel sagte: Besser, ich wäre nicht mehr hier, wäre tot. Dann streichelte Yvonne Daniel und trocknete seine Tränen, immer wieder. Daniel und Yvonne verlobten sich, sie waren fünfundzwanzig, Yvonne wurde krank, Gürtelrose.

Und nun sagte er: Montagabend, ich gebe dir den Montagabend.

Sie schwiegen. Gegen elf Uhr erhob sich die Frau vom Sofa und führte den Hund ins Freie, sie stellte sich vors Kinderzimmer und horchte, stieg dann wieder unters Dach, sie setzte sich zum Mann, der seit Tagen hustete, Yvonne fragte: Möchtest du einen Saft, Zitrone und Honig?

Die Frau, zwei Stockwerke tiefer, rührte um, sie rührte um und brachte dem Mann, der vor dem Fernseher saß, das Getränk, zwei Treppen höher, stellte das Glas auf den hölzernen Salontisch. Jetzt hörte sie das Wimmern ihres Sohnes, elf Uhr vorbei, die Frau tröstete und streichelte und stieg ins Erdgeschoss hinab, füllte eine Schnabeltasse mit kalter Milch, stieg hinauf, reichte sie dem Kind. Sie wartete, schloss, als der Bub schlief, leise die Tür, der Mann, einen Stock höher, rief: Das ist aber bitter. Die Frau, jetzt neben ihm, roch am Glas, nippte vielleicht daran, der Mann hatte nicht alles getrunken, sie sagte wahrscheinlich: Nicht bitterer als gestern. Sie nahm das Glas und wusch es im Badezimmer, stieg in die Küche hinab und stellte es in den Geschirrspüler, machte die Maschine an. Als die Frau ins Schlafzimmer trat, lag der Mann auf dem Sofa und schlief, er schnarchte, Yvonne findet, er hat schöne Augen.

Sie rauchte den Joint zu Ende, den er zwischen den Fingern hielt, und legte sich auf ein Bett, einen Stock tiefer, die Frau wollte schlafen, Mitternacht, konnte nicht schlafen.

Einmal hatte ihre Schwester angerufen und nach Yvonnes Weisheitszahn gefragt, der seit Tagen schmerzte, Daniel, als er davon erfuhr, begann zu lärmen, zu weinen, wimmern, er stieg in sein Büro hinauf und drehte den Schlüssel: Ich oder deine Familie. Einmal, weil die Frau, neben Hundefutter, Milch, Windeln, auch den Aufschnitt in der Migros und nicht beim Metzger gekauft hatte, klagte der Mann, Yvonnes Bequemlichkeit stehe über der Sorge um sein Befinden. Er lachte selten.

Heute sagt Yvonne: Wir waren nur noch eine Person – seine.

Daniel und Yvonne heirateten in Motorradmontur, 1. April 1992, Daniels Tante, die ihm auch Patin ist, kochte, es war ein großes Fest, sechzig Menschen im Haus, 4. Juli 1992. Zwei Jahre später zogen Daniel und Yvonne nach Frankreich, Saze, zwanzig Minuten bis Avignon, um dort ein anderes Leben zu beginnen, vielleicht ein Motel zu führen oder eine Schreinerei, sie hatten wenig Geld, kamen in die Schweiz zurück und fanden eine Wohnung in Uster, Brunnenstraße 7, vier Zimmer, dann Brunnenstraße 3, fünf Zimmer, verteilt auf drei Stockwerke. Sie arbeiteten, wo sie Arbeit fanden, Daniel als Informatiker, Yvonne als Telefonistin bei Yves Rocher, Anlage- und Kreditbank, Advista Treuhand, UPM Kymmene AG. Yvonne wollte ein Kind, Daniel ein Geschäft. Im Februar 1999 gründete er eine Schweizer Aktiengesellschaft, verkaufte Computerprogramme, Netzwerke, Systeme, Hardware, Software, Yvonne übernahm die Buchhaltung. Ein Kind, sagte Daniel, kommt in Frage, wenn das Materielle stimmt. Manchmal sagte er: Über einer Beziehung steht nichts, rein gar nichts, kann und darf nichts stehen, und steht etwas darüber, so sind dies nackte Egoismen, Flausen, ja Flausen, versteh doch, ist logisch. Er sagte: Der Zeitpunkt, Yvonne, dich in dieser Ehe nicht wohl zu fühlen, ist schlecht gewählt.

Yvonne schlief jetzt weg und erwachte wieder, Yvonne

stieg die Treppe hinauf und öffnete einen Spaltbreit die Tür des Schlafzimmers, sie hörte ihn atmen. Irgendwann weinte das Kind, Yvonne streichelte, tröstete, wollte schlafen.

Sie blickt aus dem Fenster, schwere Gitter davor, und spricht auf Band: Den Zustand, in dem ich war, kann ich nicht beschreiben – es gab keinen Zustand.

Daniel S. hörte nicht auf zu atmen in der Nacht vom 15. auf den 16. Februar 2002. Er lag auf dem Sofa, beiger Morgenmantel, die Beine am Boden, Yvonne sagte vielleicht: Was bist du müde heute!, sie umfasste, damit Daniel bequemer lag, die Beine des Mannes und legte sie auf das Polster, es war Samstag, halb acht Uhr am Morgen, die Frau ging in die Küche und rauchte eine Zigarette, sie stand, rauchte und dachte nichts, hörte ihr Kind rufen, sie holte es aus seinem Bett, wie alle Morgen, einen Stock höher, die Frau sagte: Papa schläft noch. Die Frau gab dem Kind zu essen, sie zog es an, es war nun halb neun, die Frau nahm ihr Kind, das sie mehr liebt als alles andere, an der Hand, nahm den Hund an die Leine, die Frau, wie immer, ging spazieren, Daniel schlief, sie weiß nicht mehr, ob sie jemanden traf, jemanden sah, es war kühl, Yvonne brachte den Hund ins Haus, sie dachte: Damit der Hund nicht schmutzig wird, benütze ich die Haustür, gehe nicht durch den Garten. Sie brachte das Kind zum Spielplatz, sie setzte sich daneben und sprach mit einer Nachbarin, kurz vor elf bat Yvonne die Nachbarin, auf ihren Sohn aufzupassen, weil sie schnell nach Hause möchte, zu sehen, wie es dem Mann gehe, der heute Morgen, als sie die Wohnung verließ, noch tief geschlafen habe, erkältet.

Urin auf Morgenmantel und Polster, Daniel atmete.

Kurz nach elf Uhr, wie jeden Tag, kam der Milchexpress, Yvonne kaufte drei Liter Milch und Eistee, vielleicht kaufte sie noch mehr, sie weiß es nicht.

Als sie ihr langes Haar kürzte, weil kurzes Haar ihr besser gefiel, verlangte Daniel Gründe, für alles verlangte er Gründe, hatte sie keine Lust, mit ihm zu schlafen, wollte er Gründe, Daniel sagte: Wenn man sich liebt, ist man bereit, es dem anderen zuliebe zu tun, logisch. Er sagte: Solange du mir nicht beweisen kannst, dass deine Argumente besser sind als meine, hast du meine zu übernehmen. Der Mann sagte: Nur fundierte Argumente sind akzeptabel. Als sie ihr langes Haar kürzte, drang der Mann drei Stunden lang auf die Frau ein, verlangte gute Gründe, widerlegte, was sie meinte, bis Yvonne ja sagte, ja, du hast recht, und verstummte. Dann sagte Daniel S.: Du bist nicht kommunikativ, hast es nie gelernt. He Yvonne, es ist nicht logisch, dass in einer Beziehung jemand anders denkt und fühlt als der andere. Wenn doch, krankt die Beziehung.

Yvonne sagte ja, immer wieder, und schwieg.

Manchmal sagte der Mann: Am liebsten brächte ich mich um, diese Welt ist so verkommen und egoistisch.

Dann streichelte sie ihn, tröstete.

Ich bin zu feige, sagte er, um es selber zu tun.

Rief Yvonne ihre Schwester an, tat sie es heimlich. Wenn ich den Kleinen, erzählte Yvonne ihr, ein Wochenende lang seiner Patin überlasse, dann darf ich, Daniels Wunsch, an diesem Wochenende nicht menstruieren.

Die Wohnung an der Brunnenstraße, auf drei Stockwerke verteilt, kostete 3500 Franken im Monat, Daniel verdiente 8500, 2100 davon gab er Yvonne.

Selten dachte sie an Francisco Araiza, den Tenor im Zürcher Opernhaus, den sie einst so sehr verehrt hatte, dass sie ihm einen Brief schrieb, fünfzehnjährig, und ihn zum Essen einlud, der Berühmte und das Mädchen, er zierte sich nicht, sie lachten, lachten ohne Grund. Manchmal dachte Yvonne, wie schön es wäre, wieder Geige zu spielen. Geige mochte er nicht.

Sie sagt: Die Geburt des Sohnes war unsere Trennung.

Das Kind wollte nicht ans Licht, zwei Wochen lang, die Ärzte empfahlen Medikamente, und dann geschah, worauf Yvonne sich gefreut hatte, in schnellen fünfzig Minuten, ein Knabe, 3450 Gramm schwer, 51 cm lang, Daniel, von einem Kunden kommend, schnitt die Nabelschnur durch, Spital Uster, 25. Februar 1999, 22.51 Uhr.

Einmal sagte der Mann: Mit Sicherheit ist dieses Kind hochbegabt, und entsprechend muss es gefördert werden.

Die ersten Tage nach der Geburt ihres Sohnes lebte sie in einem Nebenhaus des Spitals, hatte den Kleinen an der Seite, streichelte ihn, küsste, Yvonne war glücklich, sie füllte ihr Tagebuch. Daniel, der es zu Hause allein nicht aushielt, bat, bei Yvonne schlafen zu dürfen, Yvonne sagte, um ein Nein nicht begründen zu müssen, jaja, Daniel sah das Tagebuch der Frau, fragte, ob er es lesen dürfe, Yvonne sagte ja, der Mann las, er las von einem goldenen Käfig, las, dass Yvonne glaubte, Daniel wolle im Grunde keine Kinder, der Mann weinte, er heulte laut, war unbegriffen und einsam, die halbe Nacht. Yvonne, wie immer, streichelte.

Einmal sagte er: Eine gute Kleinkindmutter magst du zwar sein, aber erreicht unser Sohn das Alter, da er zur Schule muss, werde ich für ihn die Verantwortung übernehmen. Daniel sprach: Der analytisch-intellektuelle Teil von uns, Yvonne, bin ich.

Es ist so sonderbar, haucht sie, dass ich mich hier wohl fühle, wohler als die neunzehn Jahre zuvor, Zelle 00.18, Frauengefängnis, 3324 Hindelbank.

War die Frau allein mit ihrem Sohn, war sie eine andere, lustig, sorglos, verträumt, manchmal sang sie wie ein Kind, tanzte für den Kleinen. War der Mann im Haus, Brunnenstraße 3, wurde sie stumm und müde, sagte ja, um ein Nein nicht begründen zu müssen, wich aus, gab keinen Anlass. Daniel, wenn er nach Hause kam, reichte der Frau sein Gesicht, man küsste schnell und wortlos, dann stieg er zwei Treppen hoch und setzte sich vor den Computer. Daniel wurde krank, der Darm. Er wollte ein Haus, sie ein zweites Kind.

Er atmete laut, Yvonne schloss die Tür des Schlafzimmers und sagte: Papa schläft immer noch.

Sie setzte das Kind auf die Ablage, damit es ihr, wie immer, beim Kochen zusah, das Kind weinte, wollte nicht zusehen, wollte mit seiner Mutter einen Schokoladenkuchen backen, jetzt, sofort, sie backten Schokoladenkuchen, aßen schließlich zu Mittag. Sie legte ihr Kind dann ins Bett, es war halb zwei Uhr, Samstag, der 16. Februar 2002, ein kühler Tag, der Mann erwachte nicht, Daniel starb nicht.

Warum, Frau S., haben Sie Ihren Mann nicht verlassen?

Sie schweigt und sucht nach Worten: Ich konnte nicht. Ich steckte in seinen Stiefeln. Ich habe keine andere Antwort. Es wäre für ihn so grauenhaft furchtbar gewesen.

Sie legt das schmale Gesicht in ihre Hände und weint: Ich war ja ein Teil von ihm. Ich konnte ihn nicht verlassen, er hätte es nicht zugelassen, ich hätte begründen müssen, und er hätte alles widerlegt.

War Daniel nicht im Haus, dachte sich Yvonne ganze Reden aus, die sie ihm halten würde, sie schrieb ihre Gedanken auf Zettel, Argumente, und war er dann da, sagte sie ja und wurde stumm. Sie saß mit ihm am Tisch, Schweiß an den Händen, und hörte zu, hörte zu, er sagte: Ist doch logisch! Lösungsorientiert! Essentiell! Stundenlang sprach der Mann, die Frau saß daneben und sah ihm ins Gesicht, sie wollte weglaufen, konnte nicht, wollte wegschauen, und drehte sie ihren Kopf zum Kind, das in einer Ecke stumm spielte, sagte der Mann: Du hörst mir nicht zu, mit dir kann man nicht kommunizieren! Er stand auf und stieg zwei Treppen hoch, weinte, manchmal sagte der Mann zur Frau: Ich bin zu feige, um mich zu töten, mach du es! Oder verlass mich, wenn du mich nicht mehr liebst! Yvonne zog ihr Kind auf den Schoß, streichelte: Tut mir leid, dass der Papa wieder so lange geredet hat.

Der soll nur mithören, sagte Daniel, damit er versteht, um was es hier geht.

Im Oktober 2000 schrieb Yvonne einen Brief, sie brauchte Stunden, bedachte jedes Wort, las den Brief, bevor sie ihn Daniel hinlegte, ihrer Schwester vor und der Patin des Kindes, ein wunderschöner sanfter Brief, sagten die Frauen.

Mein lieber Daniel

Ich sitze hier, um meine Gedanken und Gefühle zu Papier zu bringen, nun bin ich bereits wieder blockiert. Ich fühle mich ohnmächtig Dir gegenüber, weil ich in meinem Innersten spüre, dass ich keine Chance habe, Dir das Wasser zu reichen. Ich habe unwahrscheinlich Mühe, Deiner analytischen Denkweise und Deinem Rationalismus standzuhalten! Mir fehlt auch immer mehr der gesellschaftliche Teil meines Lebens, den ich für meine Seele nun einfach brauche. Einfach SEIN, ohne sich irgendwelche Gedanken darüber zu machen. Ist das denn so schlimm, dass ich mich darin wohl fühle? Ich habe Deine Eigenständigkeit und Persönlichkeit respektiert. Deshalb möchte ich Dich bitten, mein lieber Daniel, dass Du meiner Persönlichkeit nun etwas mehr Raum lässt. Meine Unterwürfigkeit Dir gegenüber hat sich über all die Jahre so eingespielt, dass ich jetzt die neue Aufgabe als Mutter und Hausfrau spüre und glaube, fast daran zu ersticken.

Yvonne fror, als sie den Brief ihrem Mann gab.

Er ging in sein Zimmer, las und sagte, der Zeitpunkt, ihm eine Klageschrift zu überreichen, sei schlecht gewählt. Dann holte er aus, widerlegte Punkt für Punkt. Zehn Monate später, am 13. August 2001, schrieb er:

Liebe Yvonne

Um meine Gefühle und Probleme scherst Du Dich einen Dreck. Es interessiert Dich nicht, wie es mir geht. Du stellst mich immer wieder als ein richtiges Arschloch hin, wenn ich versuche, mit Dir wieder einen Weg zu finden. Du scheinst einfach nicht zu begreifen, dass Du mich in den letzten Jahren immer wieder sehr verletzt und verarscht hast. Dies macht mich auch so wütend, da ich immer wieder an Dich geglaubt habe. Ich zähle Dir nun die wichtigsten Punkte auf … Dein Dich immer noch ganz fest liebender und absolut unglücklicher Ehemann und Freund!!! Bitte springe endlich über Deinen Schatten!!!

Sie bat Daniel: Lass uns Hilfe holen, lass uns eine Eheberatung eingehen. Er sprach: Wenn du zum Psychologen willst, dann geh. Doch der wird dir nichts anderes sagen, als ich dir schon sage.

Kurz vor zwei Uhr rief Yvonne den Nachbarn an, sie brauche jemand Starken, um ihren Mann, den sie nicht wachkriege, aufs Bett zu legen, ihre Stimme war leise und seltsam. Der Nachbar kam, Yvonne führte ihn zu Daniel, der schwer hustete, der Nachbar schüttelte Daniel S., er maß den Puls, hundertvierzig Schläge, er befahl Yvonne, einen nassen Lappen zu holen, die Frau wusch dem Mann das Gesicht, putzte ihm weißen Schleim aus dem Mund, sie zitterte, wimmerte. Dann legten sie Daniel aufs Bett und stützten ihn mit Kissen, Yvonne rief den Notfallarzt an und erklärte, der Arzt empfahl, die Ambulanz zu bestellen, Nummer 144, Einlieferung ins Spital Uster um 15.38 Uhr,

Yvonne fragte: Soll ich mitfahren?, der Nachbar sagte: Du kannst nicht helfen. Yvonne führte den Hund ins Freie, nahm ihr Kind an der Hand, sie spazierten, Yvonne brachte ihren Sohn den Nachbarn und fuhr ins Spital, sie wartete und weinte, die Ärzte sagten: Ihr Mann liegt im Koma. Was hat er gegessen, getrunken? Nahm er Medikamente? Sie weiß nicht, was sie antwortete, Yvonne rief ihre Mutter an, sie weinte, Daniel liege im Koma, keine Ahnung weshalb. Die Mutter kam nach Uster und fand ihre Tochter bleich und müde, Yvonne sagte, Daniel habe wieder Bronchitis gehabt, und also habe sie ihm einen Saft gepresst, Zitrone und Honig, dann sei er eingeschlafen und nicht mehr erwacht, sie schluchzte laut und zitterte. Ein Arzt sprach: Das Hirn ist in Ordnung, nun warten wir ab. Sie fuhren an die Brunnenstraße 3 und wühlten im Abfall, fanden keine Tabletten, kein Gift, fuhren nach Volketswil zur Firma des Mannes, wühlten im Abfall und fanden nichts.

Manchmal, wenn sie allein war, dachte Yvonne: Wie schön, wenn er nicht mehr wäre, wenn jemand die Radmuttern seines Autos lockerte. Wenn.

Vielleicht im Juli 2001 stieß sie beim Einkaufen in der Migros, es klingt wie Kitsch, mit einem Mann zusammen, er hatte ein helles Lachen, sie redeten und tauschten Nummern, sahen sich wieder beim Spazieren, in seinem Bett, der Mann war so anders als Daniel, lustig und sorglos, ein Arbeiter ohne Geld und Kummer, der, wenn er sich von ihr wälzte, keine Fragen stellte: Wie war's? Was meinst du mit toll? Weshalb? Aber das letzte Mal sagtest du doch! Yvonne kaufte ein zweites Handy und stellte es auf lautlos. Rief der Geliebte an, ließ er einmal klingeln und brach ab. Dann, sobald sie allein war, rief Yvonne zurück. Er war mein Zipfel Freiheit, sagt sie, endlich hatte ich etwas für mich allein. Yvonne sprach täglich mit dem Mann, traf ihn jede Woche, sie aß nicht mehr, einmal fragte sie: Kennst du ein Gift, das im Körper keine Spuren hinterlässt? Der Mann lachte: Mach keinen Scheiß, Yvonne. Ihren Großvater bat sie um ein Darlehen, dachte nie darüber nach, wie sie das Geld zurückzahlen könnte, Yvonne verschwieg Daniel Kredit und Geliebten, Schmetterlinge im Hirn, eine Ahnung von Leben, ich dachte nicht, sagt sie im Gefängnis, dass ich zu solchen Gefühlen noch fähig wäre. Dem Geliebten, der einen alten kaputten Peugeot besaß, schenkte sie die Hälfte ihres Geldes.

In der Nacht vom 15. auf den 16. Februar 2002, als Daniel im Schlafzimmer lag und nicht zu atmen aufhörte, rief Yvonne den Geliebten an, fünfmal, und weinte, winselte, sie habe ihren Mann vergiftet, sie weiß nicht mehr, dass sie den Geliebten anrief, 00.14, 03.49, 05.00, 07.43, 11.00, ich weiß nichts mehr.

Trat Daniel ins Haus an der Brunnenstraße 3, wurde Yvonne stumm und schwer. Sie kochte frühzeitig, damit das Essen fertig war, wenn er kam. Keinen Anlass bieten! Yvonne wagte nicht, ihm zu sagen, dass sie mit ihrem Sohn drei, vier Tage verreisen möchte, zur Schwester im Bündnerland, sie zögerte und verschob ihren Bescheid, am 10. Januar 2002, einen Tag vor der Fahrt, hatte sie den Mut, Daniel verstand nicht: Ich bin mit dir verheiratet und nicht mit deiner Familie!, er redete die Nacht über, neun Stunden lang, Daniel verlangte Gründe, Daniel lieferte Argumente, Yvonne hatte nasse Hände, kaum Luft im Hals – und erschrak dann, dass sie trotzdem fuhr, schwer und traurig saß sie im Zug, sie konnte nicht weinen, nicht schlafen, nicht weinen, am nächsten Morgen rief Daniel an und sagte: Ich hole euch nach Hause! Yvonne wollte nein sagen und sagte ja.

Drei Wochen später, Anfang Februar 2002, fuhr die Frau nach Zürich, um dort, wie jede Woche, für hundert Franken Haschisch zu kaufen, Konradstraße, Kreis vier. Sie fragte den Händler, den sie nicht kannte: Hast du ein Mittel, das tödlich wirkt und im Körper keine Spuren hinterlässt? Die Frau stellte ihren Renault Espace auf einen Parkplatz, sie wartete, stieg nicht aus, wartete eine halbe Stunde lang, bis der Fremde wiederkam und ein Döschen durchs Fenster reichte und achthundert Franken wollte. Die Frau fragte nicht, was darin sei, sie öffnete das Döschen nicht, bezahlte und reiste nach Hause, ließ das Gift in der Tasche des Mantels, den sie im Erdgeschoss an einen Bügel hängte, Kunstfell, Schneeleopard.

Daniel, der seit Tagen hustete, fragte am Mittag des 15. Februar 2002, es war Freitag und kalt, seine Ehefrau Yvonne, ob sie ihn liebe oder nur noch gernhabe.

Ihr Rücken begann zu frieren, die Hände zu schwitzen. Sie sagte, was sie noch nie gesagt hatte: Gern.

Der Mann: Dann kann man unsere Beziehung für beendet betrachten!

Die Frau wollte ja sagen und schwieg. Der Mann weinte. Er küsste sie schnell, fuhr dann zu seiner Aktiengesellschaft und rief zwei Kunden an, er sei unpässlich, er könne nicht, fuhr weiter zu seiner Tante, die ihm auch Patin ist, die Tante sprach: Gib ihr Blumen und einen freien Tag.

Um elf Uhr nachts saß Daniel S. vor dem Fernseher, beiger Morgenmantel, einen Joint zwischen den Fingern. Die Frau saß neben ihm und fragte: Willst du einen Saft, Zitrone und Honig?

Daniel S. erwachte am Montag um halb acht Uhr morgens, 18. Februar 2002, ihm war schwindelig. Um neun stand seine Frau am Bett und weinte, weinte, ihre Augen waren tief und rot, Daniel sprach ihren Namen, Yvonne fuhr ein kalter Schauer über den Rücken, sie weiß nicht, ob aus Freude oder Schrecken. Sie streichelte seinen Arm und stotterte, er habe einen Zusammenbruch gehabt, geschlafen seit Freitagnacht. Am Nachmittag traten drei Ärzte ins Zimmer, in Daniels Urin, in seinem Blut habe man Spuren von Barbiturat entdeckt, Pentobarbital, ein Schlafmittel, so viel, dass Daniel daran hätte sterben können. Sie fragten, ob er sich habe töten wollen, fragten immer wieder. Daniel dachte an den Saft, den Yvonne ihm gegeben hatte. Er schwieg, rief sie an: Yvi, ich vermisse dich, komm an mein Bett. Sie kam, streichelte, der Mann fragte, die Frau antwortete: Zitrone und Honig, wie immer. Dann schwiegen sie. Um acht Uhr abends verließen Daniel und Yvonne das Krankenhaus und fuhren nach Hause, Brunnenstraße 3. Der Mann duschte und legte Wäsche in eine Tasche, man sprach wenig, er küsste die Frau und reiste nach Schaffhausen zu einem Freund, er brauche Abstand jetzt, Yvonne heulte laut.

Ich bereue so sehr, was ich tat, sagt Yvonne S. in ihrem Gefängnis, acht Jahre Zuchthaus wegen versuchter vorsätzlicher Tötung im Sinne von Artikel 111 des Strafgesetzbuchs, ich bereue es so sehr.

Ihre Stimme bricht.

Daniel rief aus Schaffhausen an, es war Mittwoch, der 20. Februar 2002, er sagte: Yvonne, ich bin meines Lebens nicht mehr sicher. Yvonne schwieg vielleicht, sie weiß nicht, was sie antwortete, er sagte: Aber ich verzeihe dir. Es gibt Möglichkeiten, damit umzugehen.

Am Donnerstag, 9.11 Uhr, schrieb sie Daniel eine Nachricht, SMS: Wie sehen denn diese Möglichkeiten aus? Ich verspreche dir, dass du deines Lebens sicher sein kannst.

Um 11.22 Uhr schrieb sie: Habe morgen einen Termin

im Psychiatrischen Zentrum Wetzikon. Damit du weißt, dass ich am Ball bleibe!! Yvi.

Der Mann, 19.43 Uhr: Wie diese Möglichkeiten aussehen, kann ich noch nicht sagen. Es wäre wirklich schön, wenn wir uns wieder näherkämen. Denn ich habe dich noch immer sehr lieb.

Die Frau: Ich werde mich morgen im Psychiatrischen Zentrum öffnen. Lasst mich bitte nicht einliefern, und bitte zeige mich nicht an.

Der Mann: Sali Yvi, mein Schatz, mit dem Wissen, das ich jetzt habe, werde ich sicher keine Anzeige machen. Ich will dir die Möglichkeit geben, dich weiterzuentwickeln. Dein dich sehr liebender Daniel.

Eine Woche nach der Vergiftung, die Daniel S. seiner Frau verzieh, am Freitag, 22. Februar 2002, acht Uhr, saß Yvonne vor einem Arzt des Psychiatrischen Zentrums Wetzikon, sie stotterte: Ich wollte meinen Mann töten. Der Arzt fragte: Weshalb? Yvonne: Ich wollte meine Ruhe haben.

Der Arzt, ohne die Frau zu fragen, rief die Polizei.

Verhaftung am nächsten Morgen, neun Uhr, sie brachten Yvonne in die Polizeikaserne von Zürich, verhörten sie zweimal, 23. Februar 2002, Yvonne weinte: Ich konnte ihn nicht verlassen, es wäre so grauenhaft furchtbar für ihn.

Sie sperrten die Frau in eine Zelle, es wurde Nacht, Yvonne S. schlief endlich weg, sie schlief und träumte vom Opernsänger Araiza, der grundlos lachte.

»Nicht spurlos verschwunden«
WITALI UND SWETLANA

K alojew ist fort.
    Heute Morgen kurz vor acht, silbergraue Sport-
schuhe an den Füßen, schwarze Hose, schwarzes Hemd,
setzte er sich ins Auto, einen Dienstwagen des Bauminis-
teriums der russischen Republik Nordossetien, Kennzei-
chen A 928 MK 15 RUS, und fuhr in den Krieg.

Seine Tasse, halbvoll, steht noch hier, im Schrank die
Plastik, die er vor Monaten, heimgekehrt aus dem Schweizer Knast, verehrt bekam, ein Bronzekrieger mit gekreuzten Säbeln über grimmigem Haupt: Witali Kalojew, geboren am 15. Januar 1956, Ossete des Jahres 2007.

Daneben die Tabletten gegen den Bluthochdruck.

Er ist kein schlechter Mensch, weint Soja, Kalojews älteste Schwester, eine Großmutter, die ihren Mann während Wochen verlässt, um Kalojew das Frühstück zu machen, die Wäsche, den Haushalt, den kleinen Garten vor
dem mächtigen hohen Haus.

Er ist, weint Soja in der Küche ihres berühmten Bruders,
gut und wild.

9. August 2008, Samstag, ein heißer staubiger Morgen
in Wladikawkas, Nordossetien.

Hinter den Bergen, in Ossetien Süd, das zum Staat Georgien gehört, ist Krieg, Kalojew, stellvertretender Bau-

minister seit einem halben Jahr, eilt im Dienstwagen der Marke Wolga durch den Kaukasus, seinem Stamm zu helfen.

Es gehört sich so.

Soja weint: Wenn ihn jemand je zur Vernunft brachte, dann seine Swetlana.

Swetlana Kalojewa, geborene Gagojewa, und ihre zwei Kinder, Konstantin, elfjährig, und Diana, vier, stiegen am Abend des 1. Juli 2002, einem Montag, auf dem Moskauer Flughafen Domodedowo in ein Flugzeug der Bashkirian Airlines, Flugnummer 2937. Sie waren unterwegs, ihren Mann und Vater zu besuchen, Witali Kalojew, den sie neun Monate lang nicht mehr gesehen hatten, Kalojew, Bauingenieur und Architekt, lebte seit anderthalb Jahren in Barcelona, führte dort den Bau einer Villa am Meer, die ein reicher Landsmann sich leistete. Fast hätten sie den Flug verpasst, Diana, die Kleine, hatte sich im Flughafen verlaufen, war plötzlich verschwunden gewesen, dann plötzlich wieder neben ihrer Mutter gestanden, weinend vor Angst.

Im Flugzeug, das aus Ufa kam, Hauptstadt der russischen Teilrepublik Baschkirien, saßen bereits wenige Frauen und Männer und Dutzende Kinder, beste Schüler, die zum Lohn nach Spanien in den Urlaub durften. Um 22.48 Uhr, mit achtzehn Minuten Verspätung, hob die Maschine ab, eine Tupolew 154, 69 Menschen darin – vorgesehene Flughöhe 36.000 Fuß.

Zwei Stunden später, um 23 Uhr mitteleuropäischer Zeit, startete im italienischen Bergamo ein Frachtflieger der Firma DHL Richtung Brüssel, eine Boeing 757, Flugnummer 611, zwei Menschen darin – vorgesehene Flughöhe 36.000 Fuß.

Die Himmel über dem Bodensee waren bewacht von der

Skyguide AG, einem Privatunternehmen, das zu 99 Prozent der schweizerischen Eidgenossenschaft gehört. Wie üblich bei dieser Firma, saß ab 23 Uhr ein einziger Lotse vor den Kontrollschirmen, ein zweiter schlief im Pausenraum. Wartungsarbeiten waren im Gange, Haupttelefon- und Hauptradarsystem ausgeschaltet, das Reservesystem, zwar weniger leistungsfähig, in Betrieb.

Um 23.21 Uhr empfing der Lotse in Zürich den ersten Funkspruch der Boeing, drei Minuten später den Anruf eines verspäteten Airbus der Aero Lloyd, der in Friedrichshafen sofort landen wollte, wieder sieben Minuten später die Ansage der russischen Tupolew auf ihrer Reise nach Barcelona. Der Lotse, vor vier Bildschirmen sitzend, rollte auf seinem Stuhl hin und her, zwei Meter Weg, sprach in verschiedene Mikrofone, versuchte, den Airbus zu landen, die Boeing und die Tupolew zu leiten. Hin und her. Schließlich erkannte er die Gefahr einer Kollision und befahl den russischen Piloten, ihre Maschine abzusenken, von 36.000 auf 35.000 Fuß, das automatische Warnsystem in der Kanzel der Tupolew verlangte das Gegenteil – man vertraute dem Lotsen.

Und auch die Boeing, von ihrem Warnsystem dazu gedrängt, war bereits am Sinken.

Das Unmögliche geschah bei Überlingen um 23.35 Uhr und 32 Sekunden, zwei Flugzeuge und 71 Menschen fielen elf Kilometer tief, Swetlana, Konstantin, Diana.

Die Jahre, weint Soja am Küchentrog, die er mit Sweta verbrachte, war er anders als sonst.

Ruhig war er, sagt Soja, normal.

Sie spült sein Geschirr, wischt sich mit dem Rücken ihrer Hand die Tränen weg. Der Fernseher lärmt, nichts als Krieg und Panzer, die südwärts nach Georgien rollen, um dort die ossetischen Brüder zu schützen, überfallen von georgischen Barbaren. Das Telefon schellt, Soja lügt, sie wisse nicht, wo der Bruder sei, wahrscheinlich im Ministerium am Platz der Freiheit, wo sonst?, er arbeite so viel, zu viel, seit er wieder Arbeit habe, auch samstags, ja, Gott sei gepriesen, dass Witali Arbeit hat, ohne Arbeit wäre er noch trauriger, verloren in schwarzen Gedanken.

Kalojew, im Flughafen von Barcelona, 2. Juli 2002, begann zu wimmern, als jemand ihm sagte, das Flugzeug, auf das er warte, komme nie mehr. Er setzte sich auf eine Bank, legte den Kopf in beide Hände, wiegte den Oberkörper vor und zurück, eine Stunde lang. Endlich sagte man ihm, wo Überlingen ist, Süddeutschland, Kalojew, mit der ersten Maschine am Morgen, flog nach Zürich. Ein Mann stand in der Ankunftshalle, ein Schild vor der Brust, ÜBERLINGEN in kyrillischer Schrift, der Flughafenpfarrer, neben sich eine Dolmetscherin. Im Taxi fuhren sie nach Überlingen am Bodensee, erreichten den Ort gegen 15 Uhr, ein sonniger Tag.

Seine Frau Sweta war der Fluss, aus dem Witali trank, sagt Soja.

Soja seufzt: Hätten sie damals das Flugzeug verpasst, wäre er jetzt nicht im Krieg.

Das russische Fernsehen schreit die humanitäre Katastrophe hinaus, georgische Schurken, eiskalt, knallten verletzte russische Friedenssoldaten ab.

Das Telefon. Nein, Witali ist nicht hier.

Zehn Tage lang blieb Kalojew am Bodensee, lebte im Haus einer Familie, deren Tochter Russisch sprach, er rauchte, trank Kaffee nach Kaffee und ging durch Wiesen und Wälder, suchte die Seinen, besah sich Leichen, eingeschlagen in weiße Tücher, Kalojew schrie und schlug, wenn jemand ihm einen Weg verbot.

Diana lag, als schliefe sie, unter einem Baum an einem

Bach, Kratzer im Gesicht, Konstantin war der Schädel ge-
platzt, das Becken zersprungen, von Swetlana waren nur
Klumpen.

Kalojew sammelte die Erde, auf der seine Familie lag, die
Perlen der Kette, die Diana getragen hatte, er setzte Tafeln
zu ihrem Andenken, Sweta, Kostas, Diana, 01.07.2002, Kalojew rasierte sich nicht mehr.

Kalojew schrie, bis man ihm erlaubte, seine Toten zu sehen, er war dabei, als sie die Tochter wuschen, hielt ihre
Hand. Die Frau des Bestatters führte den Mann in die
Kleiderläden der Stadt, bezahlte, was Kalojew wählte, eine
weiße Bluse, einen Rock, eine Jacke, Schuhe für Swetlana,
einen Anzug für Konstantin, Rüschen für Diana, versetzt
mit kleinen rosa Schleifen. Kalojew brüllte, bis sie die Toten, jeder in seinem Sarg, fotografierten und ihm die Ab-
züge gaben, die Tochter in ihrem letzten Gewand, den klu-
gen Sohn, die fromme Gattin, von der wenig geblieben
war, leere Bluse, leerer Rock, leere Schuhe.

Am 12. Juli 2002 standen die Särge im Flughafen Zürich,
der Pfarrer segnete, Kalojew zeigte ihm die Bilder der Leichen, sagte, mit einem Gott, der solches zulasse, stehe er
im Krieg.

Drei Tage lang bahrte er die Familie im Wohnzimmer
seines großen mächtigen Hauses auf, das aussieht wie eine
Fabrik, Levchenko uliza Nummer 35, Wladikawkas. Tags
öffnete er den Sarg der Tochter, nachts, wie es Brauch ist,
schloss er ihn, Menschen kamen und gingen, Tausende
traten in den Raum, den Swetlana einst gefüllt hatte mit
teuren Möbeln aus Moskau, schweren grünen Vorhängen,
grünen Teppichen, Spiegeln, Kronleuchtern und künst-
lichen Rosen in hohen Vasen, Kalojew saß auf einem
Stuhl, bedauert von seinen drei Schwestern, seinen zwei
Brüdern, und rauchte und weinte, sah keinem ins Gesicht.

Fünftausend Menschen zogen mit Kalojew zum Friedhof Giselsky im Westen der Stadt, vorbei an Plattenbauten
und Tankstellen, Kalojew, ganz in Schwarz, hörte nicht
auf, die Gräber blind mit Erde zu füllen, atemlos. Endlich
reiste man zurück an die Levchenko, Zelte standen in der
Straße, Tische, Bänke, man aß Schaf und Reis, trank
Wodka und Wasser, bis es Abend war.

Kalojew fuhr nun täglich zum Friedhof, morgens, abends,
nachts, blieb stundenlang dort und weinte, er zeichnete
ein Grabmal, entschied sich für schwarzen Marmor, ließ
darauf die Gesichter seiner Liebsten zeichnen, Konstantin
im Dress einer amerikanischen Footballmannschaft, Leibchen Nummer 45, Swetlana mit Hortensien im Arm, ihr
Kreuz am Hals, die Kette, die Kalojew ihr geschenkt hatte,
Diana mit Hütchen und Rüschen. Seltsam lächelnd stehen sie im Hof des Hauses aus roten Ziegeln, der Zwetschgenbaum blüht, die goldene Kuppel der Kirche des hei-
ligen Georg glänzt, die Kalojew errichtet hatte, die größte
Kirche in Wladikawkas, Hauptstadt der Republik Nordossetien.

Fünf Monate dauerte der Bau der Stätte, Kalojew schuf
mit bloßen Händen, er aß kaum, redete wenig, er setzte
eine Sitzbank aus schwarzem Marmor, einen kleinen Tisch
neben das Denkmal, pflanzte drei Tannen, zwei Rosen-
stöcke, polierte den Stein, bis er glänzte, ließ Platz für einen vierten Sarg.

Um das Grabmal zu bezahlen, 45.000 Dollar, verkaufte
Kalojew seine Baumaschinen, den Werkhof, den er besaß
aus der Zeit, da er eine eigene Firma geführt hatte, vier-
hundert Angestellte in den neunziger Jahren.

Kalojew hörte zu reden auf.

Ins Wohnzimmer stellte er die Betten seiner Toten und
belud jedes mit Fotos und Reliquien, mit dem Schmuck

und den Parfums der Frau, den Schulheften und Plastik-
sauriern des Sohnes, das Bett der Tochter füllte er mit
Puppen, Krönchen und Spangen, auch Schokolade legte
er hinein, von Diana angeknabbert.

Soja klagt: Witali ist kein schlechter Mensch.

Was er trägt, kann ein Mensch allein nicht tragen, sagt
Soja.

Sie setzt sich auf das Sofa in Kalojews Küche und legt
die Hände in den Schoß, sie wartet und sieht zum Fenster,
der Zwetschgenbaum, sie schiebt sich ein Kissen in den
Rücken, darauf das Bild eines Kätzchens zwischen zwei
Rosen, weiße Pfötchen. Der Fernseher läuft, zeigt Panzer
nach Panzer, die südwärts rollen, in Georgien, sagt die
Sprecherin, geschehe an den Osseten ein Völkermord.

Wenn er doch, sagt Soja, wenigstens anriefe, damit man
wüsste, wo er ist.

Aber so war er schon als Kind, weint Soja.

Das Telefon schellt, Soja schaut zur Uhr, die über dem
breiten dunklen Schrank hängt, bald zwölf Uhr, sie steht
auf und nimmt ab, Juri, der älteste Bruder, Arzt in Moskau. Ja, antwortet Soja, er ist fort.

Du hast es nicht verhindert, klagt der Bruder.

Wie könnte ich?, weint Soja.

Ministerpräsident Putin, direkt von der Eröffnung der
Olympischen Spiele in Peking, ist in Wladikawkas ein-
getroffen, schreit der Fernseher, Putin sagt, wer meine, er
könne russische Bürger ungestraft töten, der irre sehr.

Soja schaut zur Uhr, sie fährt sich übers Gesicht, zögert,
stellt sich dann an den Herd und beginnt zu kochen, zwei
Forellen in einer großen Pfanne.

Vielleicht kommt er ja doch und hat Hunger.

Tags saß Kalojew im Wohnzimmer neben den Betten
seiner Toten und rauchte, er stand auf, besah sich die

Dinge, die sie zurückgelassen hatten, Schmuck, Saurier, Puppen, und ordnete sie neu, abends reiste er zum Friedhof, die Fotos der Leichen auf der Brust, manchmal schlief er neben dem Grabmal ein und kam am Morgen erst wieder. Er verbot sich jede Süßigkeit, weil er dachte, Süßes, das seine Kinder so sehr liebten, stehe ihm nicht zu, er saß und rauchte, trank Kaffee und schwieg, manchmal hörte er sie schreien, Papa, hilf uns. Kalojew rechnete aus, wie lange seine Kinder, als sie aus dem Himmel fielen, in Todesangst waren, acht Minuten.

Kalojews Bart wurde lang und grau.

Nachts schreckte er aus dem Schlaf und wusste plötzlich, dass die zwei Piloten der Boeing, ein Brite und ein Kanadier, besoffen im Frachtraum ihres Fliegers schliefen, während die Russen, als es ans Sterben ging, die Maschine verzweifelt zu retten suchten. Kalojew phantasierte, dass auf der Blackbox der Tupolew die Schreie der Kinder zu hören waren, dass der Fluglotse, dieser unfähige Mensch, schon zehn Beinahezusammenstöße verursachte, Kalojew, wenn er nachts, allein im Ehebett, aufschreckte, war überzeugt, dass er persönlich die Leichen der Familie fand und sorgfältig wusch.

Am 1. Juli 2003, dem ersten Jahrestag der Katastrophe, reiste Kalojew, begleitet von seinem ältesten Bruder Juri, nach Überlingen, eine Schweizer Bundesrätin war dort und bedauerte, der Ministerpräsident von Baden-Württemberg, Kalojew goss Cognac auf die Stellen, wo man seine Toten fand, streute ossetische Erde darüber, entdeckte dann den Chef der Skyguide AG und hielt ihm die Bilder der Leichen hin – der Mann drehte sich weg. Man drücke, ließ die Skyguide verlauten, den Hinterbliebenen das Beileid aus, weise aber Vorwürfe, die ihr Verhalten angehe, und eine allfällige Verantwortlichkeit als ungerechtfertigt und verfrüht zurück, die Untersuchungen seien am Laufen.

Am anderen Tag saßen Kalojew und sein Bruder in einem Zimmer der Skyguide AG im Flughafen Zürich, man erklärte mit PowerPoint, Kalojew fragte, wer schuld sei am Unglück.

Das wisse man noch nicht, bedauere jedoch sehr, was geschehen sei.

Kalojew sagte, er möchte mit dem Fluglotsen reden.

Der sei im Urlaub, sagte die Skyguide.

Alles, was ich will, ist eine Entschuldigung, sprach Kalojew.

Kalojew reiste zurück an den Nordrand des Kaukasus, die Fotos der Leichen auf der Brust, er fuhr zum Friedhof, morgens, abends, nachts, Soja, die älteste Schwester, die ihm das Frühstück machte, die Wäsche, den Haushalt, Hof und Garten, bat: Schneid doch endlich deinen Bart ab, die Zeit der Trauer ist vorbei.

Im September 2003 flog Kalojew nach Moskau und begab sich ins Büro einer Privatdetektei. Er möchte wissen, wo dieser Fluglotse wohne, der in der Nacht des 1. Juli 2002 in Zürich vor den Radarschirmen saß, er wolle seine Adresse, sein Bild, auch ein Bild seines Hauses. Die Privatdetektei, um den Auftrag zu erfüllen, behalf sich mit Kollegen in Zürich. Die verlangten, bevor sie tätig wurden, eine Bestätigung, dass die Informationen, die man liefern werde, nicht zum Nachteil des Fluglotsen verwendet würden, Kalojew bestätigte mit einem fremden Namen.

Im November, am 04.11.2003, erreichte Kalojew ein Brief deutscher Rechtsanwälte, die sich ihm angedient hatten, von der Skyguide AG eine möglichst hohe Entschädigung zu verlangen. Die Schweizer boten 60.000 Franken für Swetlana, je 50.000 für Konstantin und Diana. Kalojew, als er den Vorschlag las, schmiss eine Vase zu Boden, zertrümmerte in seiner Wut einen Stuhl.

Vor dem Geld, wie es sich gehört, kommt die Entschuldigung!

Ich war fünfzehn und bewusstlos vor Freude, sagt Soja, als er auf die Welt kam, mein kleinster, jüngster Bruder, ich schrie, ich tanzte, Witali war so schön, nach Milch roch er und nach Melone.

Sie dreht die Forellen im Öl, schaut zur Uhr über dem Schrank, putzt sich die rissigen Hände am langen Rock.

Er war mein Kind, sagt Soja.

Manchmal verwechsle ich Dinge, die ich mit meinen eigenen Kindern tat, mit Dingen, die ich mit Witali tat. So sehr liebe ich ihn.

Dann war Kalojew fort, Februar 2004.

Am 21., mit einem Rückflugticket Wladikawkas – Moskau – Zürich – Barcelona, den Fotos der Leichen und zwei Flaschen Wodka im Gepäck, stand er im Flughafen Zürich-Kloten, nahm ein Taxi zum nahen Hotel Welcome Inn und legte sich ins Zimmer 316. In Kloten, Rebweg 26, wohnte der Fluglotse. Am 22., einem Sonntag, suchte er dessen Haus, fand es und schlich darum herum, kehrte schließlich ins Hotel zurück, sah fern. Am Montag ging er zum Flughafen, wollte dem Pfarrer, der ihn damals nach Überlingen gebracht hatte, zwei Flaschen Wodka schenken und ihn vielleicht bitten, ihn, Kalojew, zum Fluglotsen zu begleiten – der Pfarrer war im Urlaub. Kalojew legte sich in sein Zimmer und verließ es, ganz in Schwarz, am Dienstag wieder, irgendwann nach 17 Uhr. Am Rebweg rauchte er eine Zigarette zu Ende und hielt einer Frau, die ihn sah, einen Zettel hin, darauf der Name und die Adresse des Lotsen. Die Frau zeigte auf die Wohnung ihres Nachbarn. Kalojew trat auf den Gartensitzplatz des Lotsen, wartete, schließlich öffnete sich die Tür, und der Mann, blond und groß, der Kalojew bemerkt hatte, kam aus dem Haus, es war fast dunkel.

Kalojew benützte ein Schweizer Sackmesser der Marke Wenger, Typ Ranger, Klingenlänge zehn Zentimeter. Der Lotse, nach dem ersten Hieb, schrie und fiel, die schwangere Ehefrau nahm die Kinder und floh zu den Nachbarn. Kalojew stieß das Messer ins Herz des Mannes, dreimal, vierzehn Zentimeter tief, durchtrennte am Schlüsselbein Arterie und Vene, stieß die Waffe in den Bauch und wühlte im Gedärm seines Opfers, zerfetzte die Leber und zog dem Lotsen endlich das Messer übers Gesicht, brach zwei Zähne aus dem Mund, schlitzte dem Mann, als wollte er ihn entstellen, beide Mundwinkel auf.

Kalojew lief weg und schmiss das Messer in nahes Gesträuch, er eilte ins Welcome Inn, wusch und zog sich um, steckte Kleider, Stiefeletten und den Umschlag mit den Fotos der Leichen, alles blutverschmiert, in eine Tüte aus Papier, verließ sein Zimmer und ging in die Tiefgarage des Hotels, öffnete die Tür des Notausgangs, warf dann die Tüte in ein Gebüsch.

In Straßenkleidern lag er auf dem Bett, ruhig und steif, als die Polizei ihn holte, 25. Februar 2004, 14 Uhr, Kalojew wehrte sich nicht. Man rief eine Dolmetscherin, er sei, sagte Kalojew, zur Tatzeit in einer Bar gewesen. Am späten Nachmittag brachten sie den Mann, der wenig sprach, niemandem ins Gesicht sah, nach Rheinau ins Psychiatriezentrum, Sicherheitsstation 1. Sein Bett stand in der Mitte eines Raums, war bewacht von Kameras, Kalojew schwieg.

Der Parlamentsvorsitzende der Republik Nordossetien, nachdem er in den Zeitungen von Kalojews Tat gelesen hatte, schrieb sofort einen Brief an die russische Botschaft in Bern, man möchte sich um den Landsmann Kalojew, zerbrochen am Verlust seiner Familie, sorgsam kümmern und ihm die besten Anwälte der Schweiz bestellen, am Finanziellen soll es nicht scheitern.

Kalojew schwieg.

Er rannte mit dem Kopf gegen die Wand, er weigerte sich, die Medikamente zu nehmen, die man ihm reichte, er saß auf einem Stuhl und schlug sich mit den Fäusten die Schenkel blau, um den Schmerz zu fühlen, den seine Kinder fühlten, als sie, nach acht Minuten, die Erde erreichten.

Warum nur, schrie er, kam ich auf die Idee, meine Kinder nach Barcelona zu holen?

Weshalb nur schickten die Schweizer diesen Bastard von einem Fluglotsen nicht ins Gefängnis, sondern zum Psychologen? Klar, damit der Psychologe dem Lotsen das schlechte Gewissen austreibt, klar, russische Kinder sind den Leuten hier nichts wert.

Warum nur sperren sie mich, statt ins Gefängnis, in diese Klinik? Weil sie wollen, dass ich mich umbringe, klar.

Drei Wochen nach der Tat, fast täglich verhört, sagte Kalojew, es sei möglich, dass er am Abend des 24. Februar beim Haus des Fluglotsen gewesen sei.

Er küsste seinen Bruder Juri, der ihn besuchte, und erzählte, im Schachspiel sei er hier unbesiegt. Juri, zwanzig Jahre älter, schenkte Kalojew ein Tonbandgerät und Kassetten, ossetische Lieder.

Herr Kalojew, sagte ein Psychiater, bitte beantworten Sie mir folgende Frage: Weshalb, Ihrer Meinung nach, sollen die Menschen Sie lieben?

Was für eine idiotische Frage! Meine Schwestern und Brüder, Cousins und Neffen und Nichten lieben mich ohnehin. Wer soll mich außerdem lieben? Und wozu?

Soja schaut zur Uhr über dem Schrank, es ist Nachmittag und Krieg, zwei Stunden von hier, sie stellt den Fernseher aus und verlässt das Haus, bückt sich im Hof nach Kalojews Zwetschgen, die auf dem Beton liegen, legt sie in einen Korb. Dann streckt sie sich und ächzt, trägt den Korb ins Haus, schaut zur Uhr.

Das Telefon. Witali ist nicht hier.

Wo kann ich ihn erreichen?

Nirgends, sagt Soja.

Sie weint: Alle wollen sie etwas von ihm, weil er ein guter Mensch ist, alle wissen, dass er gut ist, alle bitten ihn um dies, um das, wollen Geld oder ein Haus, Asphalt auf der Straße, eine Bewilligung für dies und das, immer wollen sie etwas von Witali, seit er im Ministerium ist.

Soja setzt sich aufs Sofa, schiebt sich das Kissen in den Rücken, Kätzchen mit weißen Pfötchen, stellt den Fernseher an, Genozid in Südossetien, sagt die Sprecherin.

Mein Gott, seufzt Soja und streichelt ihr graues Haar.

Am 18. Februar 2005, fast ein Jahr nach dem Tod des Fluglotsen, sagte Kalojew seinem Untersuchungsrichter, er könne davon ausgehen, dass er, Kalojew, der Täter sei, an die Tat aber erinnere er sich nicht.

Zwei Wochen später, 3. März, gab Kalojew einem Journalisten der Komsomolskaja Prawda fernmündlich Auskunft. Die Schweizer seien ein Gesindel, dessen Hundesprache er nicht lerne, dessen Gericht er nicht anerkenne, das Schlimmste aber sei, dass er die Gräber seiner Kinder nicht besuchen könne.

Warum wollten Sie den Fluglotsen treffen?

Ich wollte ihn dazu bringen, dass er Reue zeigt. Ich wollte ihm Fotos meiner toten Familie zeigen und dann zusammen mit ihm zur Skyguide gehen und das Fernsehen einladen, damit die Skyguide sich bei mir vor laufender Kamera entschuldigt.

Sie gingen also zu ihm ...

Ich habe geklopft. Er kam heraus. Ich habe ihm mit den Händen Zeichen gemacht, dass er mich hineinlässt. Aber er hat die Tür zugeschlagen. Ich habe wieder geklingelt und ihm gesagt: Ich bin Russland. Diese Worte weiß ich noch aus meiner Schulzeit. Er schwieg. Ich habe Fotos hervorgeholt, auf denen die Leichen meiner Kinder zu sehen waren. Ich wollte, dass er sie ansieht. Er hat meine Hand weggeschlagen und hat mit der Hand auf die Straße gezeigt – ich solle abhauen, wie wenn man einem Hund sagt: Hau ab! Ich habe geschwiegen. Verstehen Sie, die Kränkung lähmte mich. Meine Augen füllten sich sogar mit Tränen. Ich schwieg weiter und streckte ihm zum zweiten Mal die Hand mit den Fotos entgegen und sagte ihm auf Spanisch: Mira!, schau! Er schlug mir auf die Hand ... Die Fotos fielen zu Boden ... Und dann ging es los ... Wahrscheinlich ... Meine Kinder sind für mich das höchste Gericht. Wenn sie könnten, würden sie sagen, dass ich sie wirklich geliebt habe, dass ich sie nicht im Stich gelassen habe und nicht zuließ, dass sie spurlos verschwinden.

Mitte März 2005 brachten sie Kalojew vom Psychiatriezentrum Rheinau in die Strafanstalt Pöschwies des Kantons Zürich, er weigerte sich zu arbeiten, arbeitete endlich doch, zuerst allein in der Zelle, dann in der Gärtnerei, er weigerte sich, wenn die Reihe an ihm war, die Toiletten der Gärtnerei zu putzen, Kalojew wurde in die Metallwerkstatt strafversetzt, er drehte Kleiderbügel aus Draht und war dabei so blind und fleißig, dass, unter dem ständigen Druck, in seiner linken Hand ein Gewächs entstand. Der Arzt empfahl eine Operation, Kalojew sagte, von den Schweizern lasse er sich nicht heilen, und ließ, als die Schmerzen unerträglich wurden, den Eingriff zu.

Er sammelte die Briefe, die ihn erreichten, band sie zu Stapeln, Briefe voller Mitleid aus Russland, Ossetien, Belgien, Deutschland, Israel, ein Mensch aus München überwies jeden Monat hundert Euro, eine Kasachin setzte Poesie ins Internet, Für Witali K., eine Dame aus der Ostschweiz, Hobbymalerin, schickte ein Muster ihrer Kunst, Eisbärenmutter und ihr Junges, Öl auf Leinwand.

Für jeden Toten bezahlte die Skyguide AG 100.000 Dollar. Ein Drittel davon vermachte Kalojew der Witwe des Lotsen, ein weiteres Drittel wollten seine Anwälte und der Staat Zürich, den Rest behielt Kalojew für sich.

Es ist früher Abend, die Forellen, von Fliegen besetzt, liegen kalt in einer Schale, Soja schläft auf dem Sofa ihres Bruders Witali, der heute Morgen in den Krieg zog, die Augen klein, als hätte er geweint. Der Fernseher lärmt, das Telefon schellt, Juri, der Älteste, ruft aus Moskau an.

Nein, Witali ist nicht zurück.

Hat er angerufen?

Nein.

Ruf mich an, falls er anruft, sagt Juri.

Soja reibt sich mit dem Rücken ihrer Hand die müden Augen.

Ach, seufzt sie und setzt sich an den Tisch.

Wenn er doch, weint Soja, wenn er doch wieder eine fände, die ihn zur Ruhe bringt.

Dreihundert Menschen standen auf dem Platz der Freiheit in Wladikawkas, zwei Dutzend vor der Schweizer Botschaft in Moskau und lärmten, Kalojew sei nicht Täter, sondern Opfer, Dienstag, 25. Oktober 2005, Prozessbeginn in Zürich. Sechzig Journalisten warteten vor dem Obergericht, zwölf aus Russland, Bruder Juri war angereist, auch der nordossetische Staatspräsident mit Gefolge. Fast bartlos und grau saß Kalojew im Saal, Hirschengraben 15, winkte seinen Osseten und versuchte zu lächeln. Dreizehn Stunden dauerte die Verhandlung, Kalojew sprach zögernd und leise, klammerte sich an den Stuhl. Der Richter fragte, ob er sich bei der Familie des Fluglotsen je entschuldigt habe.

Das ist schwierig, knurrte Kalojew, wenn ich sehe, was geschehen ist, fällt es mir schwer, so einen Satz zu sagen.

Sie erwarten Entschuldigungen, ohne sich selbst zu entschuldigen, sprach der Staatsanwalt.

Das brauchen Sie mir nicht zu erklären! Für die Kinder empfinde ich Mitleid ... Es tut mir leid ... Das ersetzt eine Entschuldigung.

Kalojew weigerte sich aufzustehen, als der Gerichtspräsident am Mittwoch, nach drei Stunden öffentlicher Beratung, zum Urteil ausholte, acht Jahre Zuchthaus wegen vorsätzlicher Tötung.

Wütend eilte Juri aus dem Gericht und zeigte die Fotos der Leichen. Die Zeitung Moskowski Komsomolez lobte: Kalojew ginge den geraden Weg des Herzens.

Anklage und Verteidigung, beide unzufrieden, legten Berufung ein.

Am 26. November 2006 bestätigte das Kassationsgericht des Kantons Zürich zwar den Schuldspruch, wies aber das Obergericht an, Kalojews Zurechnungsfähigkeit und somit das Strafmaß zu überdenken. Ein halbes Jahr später, am 18. Juni 2007, reduzierte das Obergericht Kalojews Strafe von acht Jahren Gefängnis auf fünf Jahre und drei Monate, Kalojews Schuldfähigkeit, so die Richter, sei zum Zeitpunkt der Tat schwer vermindert gewesen.

Dagegen wiederum beschwerte sich die Staatsanwaltschaft beim schweizerischen Bundesgericht in Lausanne, die höchste Instanz im Land.

Kalojew, ganz in Schwarz, drehte Kleiderbügel nach

Kleiderbügel, Kalojew wurde rot vor Zorn, als er vernahm, drei der acht angeklagten Mitarbeiter der Skyguide AG, in Bülach vor Bezirksgericht, hätten nur Bewährungsstrafen gefasst, zwölf kurze Monate, ein vierter nur eine Buße, auch diese auf Bewährung.

Bei uns müssten alle acht in ein Arbeitslager!

Endlich, am 8. November 2007, Donnerstag, entschied das Bundesgericht und bestätigte das Urteil der Zürcher in Sachen Kalojew, fünf Jahre und drei Monate – Kalojew war frei, ein Drittel der Strafe, wie üblich in der Schweiz, wurde ihm, dem guten Gefangenen, erlassen.

Es klopft am Tor, Soja schaut zur Uhr über dem Schrank, halb zehn, sie schreit: Wer ist da?

Ist er zu Hause?, fragt eine Frau.

Er ist nicht hier.

Darf ich hereinkommen?

Soja geht zum Tor und öffnet es, eine schwere Frau mit rotem Haar setzt sich an den Küchentisch.

Es ist so, beginnt die Dicke, es geht um den Sohn meines Neffen, der dringend eine Operation braucht, am Bauch. Aber wir haben kein Geld und kennen keinen Arzt, der …

Er ist nicht hier, sagt Soja.

Ich warte, sagt die Dicke, schweigt und schaut Krieg in Georgien.

Sogar, sagt jetzt der Sprecher des Senders Westi, sogar Witali Kalojew, der stellvertretende Bauminister in Nordossetien, der vor Jahren in Überlingen auf so tragische Weise seine ganze Familie verlor, hat heute in Südossetien unseren Söhnen und Soldaten Mut gemacht.

Kalojew erreichte Moskau nachts um halb drei, Dienstag, 13. November 2007. Hunderte standen im Flughafen Domodedowo, Juri, Verwandte, Gesandte der ossetischen

Gemeinde von Moskau. Die Jungschar Naschi, Verehrer von Staatspräsident Putin, hielten Spruchbänder hoch: Kalojew ist unser Mann!, Du bist ein wahrer Mensch!, Gäbe es mehr von deinesgleichen, stünde Russland besser da.

Man reichte Blumen, Kalojew, leicht gebückt, suchte Worte, bedankte sich bei Putin, beim russischen Volk und dessen Regierung, er habe sich, sagte er, im Gefängnis nie in der Fremde gefühlt.

Hupend fuhr man ins Zentrum der Stadt, hielt vor dem Haus des Ossetischen Vereins, Nowoslobodskaja uliza 34/2, und feierte Kalojew an drei langen Tischen, Frauen und Männer getrennt. Ein Schaf war geschlachtet worden, Kopf und Füße, wie es Brauch ist, lagen ausgestellt. An den Wänden die Bilder ossetischer Helden, lange spitze Bärte, Brüste voller Orden. Man trank Wodka und Wein, sprach Spruch nach Spruch bis in den Morgen.

Kalojew schlief in Juris Bett, machte sich dann, kaum wach, auf den Weg zum Klub ossetischer Ringer. Die schenkten ihm einen Trainingsanzug, darauf das Zeichen der Nationalmannschaft, und hohe silbergraue Sport-schuhe.

Europa kennt keine shakespeareschen Leidenschaften mehr, kommentierte die Iswestija Kalojews Wiederkunft, Europa ist entwöhnt. Die saubere, gepflegte, mit Anwalts-kanzleien übersäte und von politischer Korrektheit platt-gebügelte alte Welt fürchtet offene und starke Gefühle.

In Wladikawkas, 14. November 2007, winkten sie von Dächern und Balkonen. Kalojew besuchte zuerst den Friedhof von Beslan, 331 Tote, die meisten davon Kinder, die Anfang September 2004 umgekommen waren, weil tschetschenische Terroristen eine Schule überfielen. Ka-lojew legte einen Kranz nieder, den man ihm reichte, eine

Frau trat zu ihm, ging auf die Knie und bat, er, Kalojew, möchte mit den Mördern ihrer Kinder verfahren, wie er mit dem Mörder seiner Familie verfuhr. Dann reiste er weiter, streichelte endlich den schwarzen Marmor, unter dem seine Kinder liegen, seine Frau, Konstantin, Diana, Swetlana, 1. Juli 2002.

Soja hatte gekocht. Die Männer saßen im Hof und auf der Straße und lärmten sich froh, die Frauen unter den Kronleuchtern im Wohnzimmer.

Witali, fragte ein Journalist der Zeitung Kommersant, bereust du, was du getan hast?

Du nervst! Ich tat, was ich wollte, ich tat, wozu ich in die Schweiz gereist war, sagte Kalojew und wandte sich ab.

Im Dezember dann fuhr der Präsident der Republik Nordossetien vor, trat in Kalojews Haus, Levchenko uliza Nummer 35, und fragte, ob Kalojew Lust habe, Politik zu machen, vielleicht im Bauministerium, er sei ja Architekt, ein sehr geachteter Mann. Kalojew versprach, die Sache zu bedenken.

Am 9. Januar 2008, ohne sich anzumelden, stand der Chefredakteur des Internetportals Die 15. Region in der Küche und verehrte Kalojew einen Bronzekrieger mit gekreuzten Säbeln über grimmigem Haupt, Glückwunsch, sagte der Mann, er, Kalojew, sei von den Besuchern des Portals zum Osseten des Jahres 2007 gewählt worden. Kalojew suchte zu lächeln, bedankte sich, aber er begreife sich, sagte er, nicht als besonders.

Einstimmig erhob das Kabinett der Republik am 18. Januar 2008 Kalojew zum stellvertretenden Bauminister, zuständig für die Gesundung und Modernisierung des Bauwesens in Nordossetien, Russland, insbesondere für eine Abwasserreinigungsanlage und ein Kraftwerk in den Bergen. Schnell trat Kalojew ins Amt, Montag, 21. Januar 2008, bezog ein Büro am Platz der Freiheit, zweiter Stock, Lenin im Flur. Der Staatspräsident überraschte mit einem alten Stich, die Engelsburg in Rom, und Kalojew, bei dieser Gelegenheit, bat um eine Auffrischung des Raums, Kalojew ließ die Maler kommen und befahl, die Decke über seinem Tisch blau zu streichen, himmelblau.

Jetzt, bald Mitternacht, hält ein Wagen vor dem Tor, Soja trabt aus dem Haus, man hört sie lachen, lärmen.

Hast du Hunger?

Kalojew setzt sich an den Tisch, das Gesicht anders als am Morgen, erlöst und heiter, er steckt sich eine dünne Zigarette an und zieht tief ein, zwei tote Georgier hat er gesehen, heute im Krieg, Armeen von russischen Panzern, die südwärts hielten, und sogar den Präsidenten von Südossetien, der ihn heftig küsste, als Kalojew aus dem Dienstwagen der Marke Wolga stieg.

Und?, schimpft Soja.

Das verstehst du nicht.

Was verstehe ich nicht?

Wer mich schlägt, gehört geschlagen.

Du bist nicht Russland, weint Soja.

»Blut für Blut«

IRENA UND SOKOL

M anchmal setzt sie ihre Füße auf die des Vaters und umfasst seine Beine, Papa geht einige Schritte, wankend wie ein Betrunkener, und lallt dazu und lacht.

Mein Zwiebelchen!, sagt er, Tränen in den Augen.

Irenas Vater, noch dünner als sie, ist oft krank, er hustet, und sein rechter Arm hängt kraftlos am Leib.

Zwiebelchen nennt er sie. Oder Küken.

Albanien 1978.

Die Mutter will nicht, dass Irena auf den Füßen ihres Vaters steht. Und dass der, beladen mit Irenas fünf Jahren, lacht, bis er wieder hustet und spuckt. Die Mutter arbeitet im Kollektiv des Dorfes Abat im Gebiet von Dukagjin im Norden des Landes, nichts als Berge und Bräuche. Um sieben verlässt sie das Haus, pflanzt Zwiebeln, um sechs kommt sie wieder und kocht.

Manchmal zieht sie die Vorhänge zu und betet.

Sag keinem, dass wir beten, verlangt die Mutter.

Beten bringt ins Gefängnis.

Manchmal schickt der Vater die Kinder vor die Tür. Dann horchen sie und verstehen nicht, was er der Mutter erzählt.

Eines Nachts, als die Eltern glauben, ihre fünf Kinder schliefen, hört Irena den Vater sagen: Das Schlimmste war,

als sie mir den Arm festbanden, in der Achselhöhle ein hei-
ßes gekochtes Ei.

Weshalb?, fragt Irena am nächsten Morgen, als die
Mutter bei den Zwiebeln ist, weshalb, Papa?

Weil ich, lange bevor du auf die Welt kamst, einmal
sagte: Das Brot in diesem Land ist so hart, dass niemand
es essen kann.

Aber wir haben ja kein Brot, sagt Irena.

Sechs Jahre Arbeitslager in Burrel, acht Jahre Zuchthaus in Tepelenë.

Red mit keinem, den du nicht kennst, sagt der Vater,
und schon gar nicht mit einem, den du kennst.

Weshalb, Papa?

Mein Zwiebelchen!, seufzt er und streicht ihr durchs Haar.

700.000 Bunker stehen in Albanien.

Der Bruder, sechzehn Jahre älter, flüstert: Die ihn damals verrieten, sind unsere Nachbarn.

Die Nachbarn in Abat sind Onkel, Tanten, Cousins,
Schwägerinnen, Neffen, Nichten. Täglich stehen sie auf
den Feldern des Kollektivs, arbeiten von acht bis fünf,
manchmal bis sieben.

Irena Macaj ist sechs, als sie Schülerin wird.

Macaj, du stinkst.

Papa, die sagen, ich stinke.

Er lädt Irena auf seine nackten Füße und trägt sie
durchs Haus, lallt und lacht, bis er hustet.

Sein Zwiebelchen.

Irena darf nicht zu ihm, als er stirbt.

Irena ist sieben, der Vater liegt im oberen Stock, er hustet und bebt, das Bett zittert, das Haus, einen Tag lang,
eine Nacht. Endlich liegt er tot vor ihr, Papa, Papa!, an
seinen Armen sieht sie Narben, und Irena denkt: Weshalb
sehe ich die erst jetzt?

Dann kommen die Nachbarn, Onkel, Tanten, Cousins, Schwägerinnen, sie klagen und trinken den Kaffee, der noch im Haus ist.

Ein tapferer Mann war er, lobt ein Onkel, schade, dass er so früh von uns geht.

Irena hält das Gerede nicht aus und flieht ins Freie und rennt, rennt und heult und kommt nach Stunden erst wieder.

Wo warst du so lange?, fragt der Onkel.

Draußen, trotzt Irena.

Man bleibt im Haus, wenn ein Toter darin liegt, schreit der Onkel und schlägt sie ins Gesicht.

Acht Jahre lang geht Irena in Abat zur Schule, singt jeden Morgen die Hymne des Landes.

Enver Hoxha* ist unser Freund und Führer, spricht der Lehrer.

Enver Hoxha ist unser Freund und Führer, wiederholen die Schüler.

Ihm und seiner heroischen Partei verdanken wir alle unsere Siege, das glückliche Leben, dessen wir uns heute erfreuen, und unsere gesicherte Zukunft.

Ihm und seiner heroischen Partei verdanken wir alle unsere Siege, das glückliche Leben, dessen wir uns heute erfreuen, und unsere gesicherte Zukunft.

Und nun du allein, Macaj!

Ihm und seiner heroischen Partei verdanken wir alle unsere Siege …

Du kannst es ja, sagt der Lehrer, trotz des Vaters, den du hattest.

---

* Enver Hoxha, Erster Sekretär der Partei der Arbeit
  und politischer Führer Albaniens bis 1984.

Irena ist eine gute Schülerin: Auf die Mittelschule darf sie nicht.

Sie ist vierzehn und zieht mit ihrer Mutter aufs Zwiebelfeld, sie schneidet Gras, legt es zum Trocknen an die Sonne, Irena ist oft krank.

Und eines Tages steht der Schwager der Schwester, die längst verheiratet ist, vor dem Haus, auch der Onkel ist da, die Mutter, und Irena hört, dass man über sie spricht.

Ist sie fleißig?

Kann sie nähen?

Irena hält das Gerede nicht aus und fragt: Darf ich weg, Mama, irgendwo spielen?

Bist du verrückt? Es sind Leute hier, die dich heiraten wollen, schreit die Mutter und schlägt Irena ins Gesicht.

Irena wiegt dreißig Kilo.

1988.

Die Mutter, müde und grau, will nicht allein aufs Zwiebelfeld, sie braucht die Hilfe ihrer Tochter, gibt Irena noch nicht her.

Manchmal ruft der Leiter des Kollektivs seine Arbeiter zusammen und stellt ein Radio an, die Stimme der Partei: Wer hat unser Leben so schön gemacht, dass sich die Menschen, von den kleinen Kindern und Pionieren bis hin zu den alten Menschen, so glücklich fühlen?

Doch plötzlich, im Frühjahr 1991, ist Demokratie: Kommunismus und Atheismus gelten nicht mehr. Irena Macaj, achtzehn, geht jeden Morgen nach Breglumi zur Mittelschule, eine Stunde hin, eine zurück, sie flammt für das Fach Französisch, weil es so fremd ist, so anders, unerhört.

Und irgendwann steht ein junger Mann am Tor, der auf seine Schwester wartet, zweimal, dreimal, immer wieder. Dort steht er am Tor und wartet. Irena weiß nicht, wie ihr geschieht, sie denkt nur noch an diesen Mann, der so schön ist, so vornehm. Sie weiß nicht, wie er heißt, sie wagt nicht, ihn nach seinem Namen zu fragen. Er schaut sie an und schweigt.

Wenn der mich nähme, hätte alles Elend ein Ende, die Trauer, die Armut im Haus von Mama dort hinten in diesem Dreckskaff namens Abat.

Und dann packt er sie am Arm und sagt: Ich will dich.

Ich dich auch, stottert Irena, ich dich auch. Komm zu meiner Mutter, sprich mit ihr und meinem Onkel, sagt Irena und lacht ihm ins Gesicht.

Der Junge reist ins Haus der Mutter und stellt sich vor, er habe, sagt er, mit Irena bereits gesprochen.

Du Hure!, schreit jetzt Mama, Schande bringst du über uns, eine Frau redet auf der Straße keine Männer an.

Dann holt sie Irena aus der Mittelschule, befiehlt sie zurück aufs Zwiebelfeld, von acht bis fünf, manchmal bis sieben.

Nachts liegt Irena Macaj wach, denkt an den Mann, den sie nie haben wird, und weint sich in den Schlaf.

Ein Bruder flieht nach Italien, zwei nach Griechenland.

Irena steckt Zwiebeln.

Und Irena erntet Zwiebeln.

1997 ist Anarchie, Aufstand, Wut auf alles, man mordet, zerstört, plündert, vergewaltigt, Irena und ihre Mutter bleiben im Dorf, laden, als sie nichts mehr zu essen finden, ihre Kuh auf einen Transporter und reisen nach Shkodër, in die große Stadt im Norden Albaniens, und ziehen in die Baracke einer Cousine der Mutter, kein Ofen, kein Tisch, kein Licht.

Irena Macaj, schön und klug, ist jetzt vierundzwanzig: überfällig.

Gott erhöre deine Gebete, flüstert die Cousine zur Mutter, und schicke Irena endlich einen Mann.

Irena findet Arbeit in einer Kleiderfabrik, näht Unterwäsche von sechs bis vier oder von elf bis neun, eine Viertelstunde Pause, 1200 Lek im Monat, elf Franken, Irena kauft eine Schüssel, eine Glühbirne, einen Ofen, ein Radio, und kommen französische Lieder, stellt sie es laut.

Im Januar 1998, an einem regnerischen Abend, als Irena, weil kein Bus fährt, zu Fuß von der Arbeit kommt, nass bis auf die Haut, wartet in der Baracke der Onkel, neben ihm ein Fremder, dunkle Augen, dunkles Haar. Sie stehen nicht auf, als Irena in den Raum tritt.

Das ist Sokol, sagt die Mutter und lacht heller als sonst.

Ein Cousin meiner Frau, sagt der Onkel.

Sie trinken Kaffee und spielen Domino, die Mutter zusammen mit dem Onkel, Irena mit Sokol, die ständig gewinnen, sie reden und scherzen, Irena legt sich nachts um drei auf eine Matratze, und als sie zwei Stunden später zur Arbeit geht, schläft Sokol am Tisch.

Am Abend fragt die Mutter: Du ahnst wohl nicht, weshalb die kamen?

Um Kaffee zu trinken, sagt Irena.

Um dich zu sehen, sagt Mama.

Mich?

Er will dich.

Was heißt das?

Er will dich heiraten!

Der! Der hat ja bereits zwei Kinder.

Weil er Witwer ist.

Nie im Leben heirate ich den.

Schande bringst du über uns, schreit die Mutter.

Irena, fünfundzwanzig, rennt zu einer Freundin, zitternd vor Wut oder Angst.

Woran, Mama, ist denn Sokols Frau gestorben?

Die Mutter zögert.

Sie habe sich erschossen.

Am nächsten Abend sitzt der Onkel wieder am Tisch.

Wenn du für Sokol eine Frau suchst, dann gib ihm doch deine Tochter, sagt Irena.

So spricht man nicht mit seinem Onkel, schreit die Mutter.

Du Schlampe, schreit der Onkel.

Immerhin stamme Sokol Kolndreu aus gutem Haus, aus den Bergen, der Gegend von Tropojë, und es sei, bei Gott, nicht seine Schuld, dass Sokols Onkel einst einen Mann erschossen habe und seither in Blutrache lebe.

Irena Macaj schweigt.

Blutrache!

Dann wird, wie der Kanun, das Gesetz der Berge, es will, dann wird irgendwann auch Sokol erschossen, Auge um Auge um Auge um Auge.

Und den soll ich heiraten.

Irena wird schwindelig, fällt hin auf den Boden der Baracke und weint und schreit, kann nicht aufhören zu weinen. Endlich rennt sie hinaus und bittet jemanden um Geld, ein paar Münzen nur, um ihren Bruder in Griechenland anzurufen.

Dieser Sokol, heult Irena, lebt in Blutrache, ich kann nicht, ich kann nicht.

Beruhige dich, sagt der Bruder.

Seine Kinder soll ich aufziehen, weint Irena.

Wehre dich, sagt der Bruder.

Wie denn?

Dann ist das Geld verbraucht.

Der Onkel spricht: Mit meinem Blut habe ich dich Sokol Kolndreu versprochen.

Mit deinem Blut?

Mit meinem Blut!

Verlobung ist am nächsten Tag. Februar 1998.

Sokol bringt, wie der Kanun es will, drei Zeugen in die Hütte und reicht Irena den Ring. Irena Macaj steckt ihn an und schweigt. Wieder ist ihr schwindelig, Irena rettet sich zur Freundin, dann in die Fabrik, näht Unterhose nach Unterhose, wie betäubt.

Drei Tage später, abends um vier, steht Sokol vor dem Tor.

Lass uns reden, sagt er.

Sie setzen sich in ein Teehaus, kalter Regen klatscht ans Fenster, er wisse, sagt Sokol Kolndreu, sehr wohl, dass sie ihn nicht wolle, aber er sei nicht der, den sie vielleicht meine, noch nie habe er eine Frau geschlagen, sagt Sokol. Er redet leise, berührt sie nur schnell am Arm.

Irena möchte ihn jetzt fragen: Und warum, wenn du Frauen nicht schlägst, hat deine Frau sich dann erschossen? – aber Irena fragt nicht.

Er habe zwei Kinder, Lili und Visati, sieben und fünf Jahre alt, die bräuchten eine Mama, jemanden, der sie in die Arme nehme, streichle, tröste, der ihnen gebe, was er nicht geben könne, vor allem Visati, der Knabe, werde mit dem Tod seiner Mutter nicht fertig, die sich erschossen habe, als sie die Wahrheit nicht länger ertrug, dass er, So-kol, irgendwann vielleicht getötet werde, weil sein Onkel bereits getötet habe, Blutrache, gjakmarrja, gjak per gjak, Blut für Blut. Visati, der Kleine, sei fast verrückt geworden nach dem Tod der Mutter, noch heute renne er nachts zum Friedhof oder irgendwohin, das verstörte Kind.

Der Mann sagt: Ich kenne dich nicht, Irena, aber ich brauche dich.

Die Zeit arbeitet für uns, sagt er.

Ich liebe dich nicht, flüstert die Frau am Teehaustisch von Shkodër.

Irena Macaj, fünfundzwanzig, Näherin.

Sokol Kolndreu, fünfunddreißig, Schreiner, Maurer, Schlosser.

Es ist jetzt April 1998, ein Montag.

Irena, wie jeden Morgen, sitzt in der Fabrik und näht Wäsche wie betäubt, Stück nach Stück, Sokol, der Fremde, mit dem sie verlobt ist, eilt zu ihrem Onkel, er wolle die Hochzeit, jetzt, sofort, spätestens morgen, denn seine Mutter sei sehr krank, todkrank, und den Trost, dass er wieder eine Frau habe, wolle er ihr schenken, solange sie noch am Leben sei.

Morgen kriegst du sie, sagt der Onkel.

Ein Cousin und ein Schwager warten abends um neun vor der Fabrik und fangen Irena ab, führen sie in die Innenstadt zu einer Coiffeuse, die Irenas langes Haar zu Locken brennt und sie in ein weißes Kleid passt, viel zu groß, Rüschen daran und Bänder. Gegen Mitternacht erreicht sie die Baracke, darin Mama allein am Tisch, die heftig weint.

Was für eine Hochzeit, jammert sie, ohne deine Brüder. Was für eine Schande.

Am Morgen des 21. April 1998, Dienstag, fährt ein Auto vor, jemand sagt: Steig ein.

Irena Macaj steigt ins Auto, es riecht nach Rosen und Rauch, und fährt hinaus nach Torovicë zu Sokol Kolndreu. Sichtbar für alle, die gekommen sind, nimmt der Mann die Frau an der Hand und führt sie ins Haus, wie der Kanun es will.

Und jemand lärmt: Lang lebe das glückliche Paar, zwölf Kinder sollen sie haben.

Plötzlich steht Irena Kolndreu vor Lili und Visati, den Kindern des Mannes, dessen Frau sie nun ist.

Das ist eure neue Mama, sagt Sokol. Umarmt sie!

Jetzt beginnt Visati, der Knabe, zu schreien, wild und grell, und zu tanzen: Mama!, Mama ist wieder hier, sie trägt das Kleid, das sie im Sarg schon trug, meine Mama!

Und Sokol, den Tränen nah, schüttet dem Kind kaltes Wasser ins Gesicht, hält es fest, bis es verstummt.

Wie heißt du?, fragt Irena.

Visati schweigt.

Darf ich dich umarmen?, fragt Irena.

Wie heißt du?, fragt Visati.

Irena.

Darf ich in mein Zimmer?

Geh nur, sagt Irena.

Sie folgt ihm ins Zimmer.

Wie willst du, dass ich dich rufe?, fragt sie.

Du bist nicht Mama!, sagt Visati.

Dann nenn mich Irena, ruf mich Irena, wann immer du mich brauchst.

Die Hochzeitsnacht: Irena Kolndreu-Macaj will nicht weinen.

Sokol verlässt das Haus kaum noch. Und verlässt er es doch, schaut er sich ständig um, bleibt nie lange weg. Im Juni liegt ein Zettel vor der Tür, darauf die Worte: Jeden deiner Schritte kennen wir. Ndoka.

Ndoka ist der Rächer, Blutnehmer.

Sokol Kolndreu und seine Familie, Irena, Lili, Visati, verlassen das Dorf Torovicë und fliehen in die Stadt Shkodër, finden dort einen Stall, um darin zu wohnen, Plastik im Fenster, Löcher im Dach.

Ratten im Haus.

Sokol verlässt den Stall am frühen Morgen, arbeitet irgendwo als Maurer oder Schlosser, kommt nach drei, vier Stunden wieder, bleibt nie lange weg.

Warum weinst du ständig?, fragt er.

Ich kann nicht anders, sagt sie.

Anfang November 1998 reist Irena Kolndreu ins Dorf ihrer Kindheit, Abat im Gebiet von Dukagjin, und setzt sich ans Grab des Vaters, zwei Stunden, drei, hört den Bergen zu, dem Wind.

Mein Zwiebelchen.

Und plötzlich hat sie Angst.

Sie weiß, etwas ist geschehen, Irena rennt hinunter ins Tal, hält ein Auto an und fährt zurück in die Stadt. Lili und Visati liegen heulend im Dreck, Papa, sagen sie, sei im Gefängnis, abgeholt von Polizisten, blutig geschlagen, wahrscheinlich tot.

Ein Nachbar steht in der Tür und flüstert: Sokol hat seine erste Frau erschossen, es war kein Selbstmord.

Ist er tot?, fragt sie.

Er ist nicht tot, er hat seine erste Frau erschossen.

Das ist nicht wahr, schreit Irena.

Das behauptet die Polizei, sagt der Nachbar.

Und Irena ist schwanger im dritten Monat.

Von wem, wenn man fragen darf?, fragt die Cousine, tatsächlich von Sokol?

So eine bist du!, sagt die Cousine der Cousine.

Mach es weg, befiehlt der Onkel, und dann trenn dich von deinem Mörder.

Februar 1999, es regnet kalt.

Irena besucht Sokol im Gefängnis von Shkodër. Sokol, unrasiert und müde, am Kopf eine Wunde, sitzt zwischen zwei Polizisten, er lächelt, als er sie sieht.

Und wenn er jetzt, wie alle andern, sagt, das Kind sei nicht von ihm? Du Hure!

Irena wird schwindelig.

Sokol, stottert sie, Sokol, ich muss dir etwas sagen.

Du verlässt mich?

Ich bin schwanger.

Da reißt er die gefesselten Hände hoch und schreit: Gott will es so, Irena, Gott will es so.

Im Juni 1999 lassen sie Sokol Kolndreu frei, er sei kein Mörder, fand der Richter. Sokol zieht in den Stall zu Irena, Lili, Visati. Als die Wehen einsetzen, lädt er Irena auf ein Fahrrad und bringt sie ins Krankenhaus. Irena, sechsundzwanzig, gebärt einen Knaben, Visati möchte, dass er Eduard heißt.

Sokol, fragt Irena, wenn Eduard groß ist, wird er dann ... Was?

Wird er dann, wenn sie dich nicht erschießen, vielleicht irgendwann erschossen?

Sokol schweigt und nickt.

Gjak per gjak, Blut für Blut.

2003, Josef kommt auf die Welt.

Manchmal tritt eine Nonne in den Stall am Rand von Shkodër und krümmt sich zu Irena und den Kindern, sie bringt Salben, Milch, Mehl, Öl, Kleider, etwas Geld. Die Nonne, eine Deutsche, ruft Sokol ins nahe kleine Kloster, dort flickt er das Dach, zimmert Treppen und Geländer und bekommt einen Lohn.

Schließlich, meist abends, bevor es dunkel wird, baut er ein Haus auf weitem feuchten Feld und umstellt es mit einer Mauer, drei Meter hoch, zwei Tore aus Blech.

Im Sommer 2010 liegt wieder ein Zettel im Hof: Nehmt euch in Acht.

Sokol Kolndreu, in Angst seit siebenundzwanzig Jahren, weil sein Onkel jenen Mann erschoss, der ihn im Suff beleidigt hatte, verlässt das Haus nicht mehr, gräbt, um sich zu beschäftigen, Löcher im Garten, setzt Säulen und reißt sie wieder ein, trägt Steine von einer Ecke in die andere, Irena, siebenunddreißig, arbeitet im Kloster, jeden Morgen fährt sie auf dem Rad durch den Sumpf, ruft Sokol alle zwei Stunden an, und nimmt er nicht ab, rast sie nach Hause, findet ihren Mann im Hof, sein Gesicht bleich und hart, Gras in der Hand oder Holz.

Manchmal schreit er: Stell die verdammten französischen Lieder ab, die du ständig hörst.

Er ist verbraucht, denkt Irena.

Die Mauer, denkt sie, die hat er so hoch gebaut, um nicht mehr zu sehen, was draußen geschieht.

Visati, nun siebzehn und Blutgeber wie sein Vater, flüstert eines Morgens, als Sokol noch schläft: Mama, ich habe eine Idee.

Erzähl, sagt Irena.

Ich könnte mich, damit du, Papa, damit ihr alle endlich Ruhe habt, ich könnte mich den Killern anbieten.

Sie möchte Visati schlagen: nimmt ihn in die Arme.

Februar 2011.

Verlässt Sokol Kolndreu Haus und Hof einmal doch, zwar selten, geht Irena einige Schritte vor ihm.

Damit die Kugel, wenn sie kommt, in ihr stecken bleibt.

Man mag sie großartig und einmalig finden oder trostlos und »suizidal« – unberührt lassen sie niemanden, diese Geschichten über die Liebe und das Leben. Denn diese internationalen Geschichten gehen unter die Haut unserer abgehärteten Wahrnehmung, da sie exemplarische Ausschnitte unserer *Wirklichkeit* sind.

Jede dieser Geschichten ist eine *wahre* Geschichte, keine entspringt der Phantasie, jede ist das Ergebnis realer Begegnungen: »Viele Menschen erzählen ihre Geschichte gern. Es tut ihnen gut«, sagte Erwin Koch in einem Gespräch, »meine Kunst besteht darin, den Menschen, die mir ihre Geschichte, ihre Vergangenheit anvertrauen, auf anständige Weise zu vermitteln, welche Teile dieser Geschichte mir wichtig sind. Ich belade sie mit hundert Fragen, in der Hoffnung, eine Vielzahl der Merkmale erzählt zu bekommen, die eine Geschichte anschaulich machen. Meine erste Frage ist meistens die: Wann sind Sie auf die Welt gekommen? Meine zweite: Sind Sie normal auf die Welt gekommen?«

Erwin Koch, zweimaliger Preisträger des Kisch-Preises, der hochangesehenen Auszeichnung für Reporter, erzählt von einzelnen Schicksalen in besonderer Weise. Weder psychologisiert er über die Menschen, die er getroffen hat, noch seziert er ihre Beziehungen, noch die Verhältnisse, in denen sie leben, unter denen sie leiden. Koch vermeidet Andeutung, Interpretation, Kommentar, er ist ein Meister der Reduktion, des Weglassens, der Verknappung. Allein der Leser ist gefordert – wer fühlen kann, der horche nach. Auch so entsteht die Wucht, mit der uns diese Texte berühren und die eine besondere Kraft von Literatur ist.

»Mit den Geschichten, die ich schreibe, verfolge ich keine Absicht«, so Erwin Koch, »alles Didaktische geht mir ab. Ich will weder aufrütteln noch trösten. Wenn es trotzdem geschieht, umso besser. Ich glaube, ich habe vor allem diesen Anspruch: eine gute Geschichte gut zu erzählen. Manchmal gelingt es.« Doch ob Erwin Koch will oder nicht: Der Leser wird zum Beteiligten, es brodelt nach der Lektüre von *Was das Leben mit der Liebe macht*. Wir sind diesen exemplarischen Leben, diesen Menschen so nahgekommen, es ist gleich, wie fern sie uns zeitlich und geografisch sein mögen … Fragen drängen sich auf – Antworten müssen wir, die Leser, uns selbst geben.

RAINER GROOTHUIS

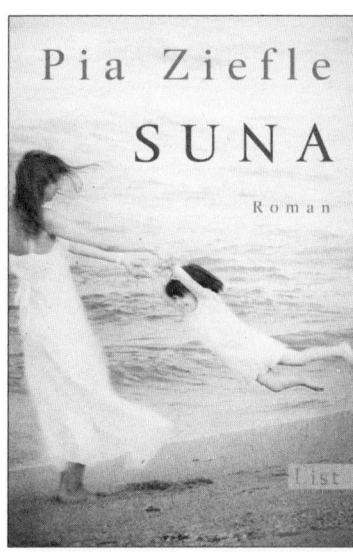

L457